**Nikolaus Wecklein**
**Textkritische Studien zu den griechischen Tragikern**

**Wecklein, Nikolaus:** Textkritische Studien zu den griechischen Tragikern.
**Hamburg, SEVERUS Verlag 2010.**
**Nachdruck der Originalausgabe von 1921:**
Sitzungsberichte der Königlich Bayerischen Akademie der Wissenschaft. Philosophisch-philologisch und historische Klasse Jahrgang 1921, 5. Abhandlung.

ISBN: 978-3-86347-006-7
Druck: SEVERUS Verlag, Hamburg, 2010

Der SEVERUS Verlag ist ein Imprint der Diplomica Verlag GmbH.

**Bibliografische Information der Deutschen Nationalbibliothek:**
Die Deutsche Nationalbibliothek verzeichnet diese Publikation in der Deutschen Nationalbibliografie; detaillierte bibliografische Daten sind im Internet über http://dnb.d-nb.de abrufbar.

© **SEVERUS Verlag**
http://www.severus-verlag.de, Hamburg 2010
Printed in Germany
Alle Rechte vorbehalten.

Der SEVERUS Verlag übernimmt keine juristische Verantwortung oder irgendeine Haftung für evtl. fehlerhafte Angaben und deren Folgen.

SEVERUS
Verlag

Bei der Bearbeitung einer Gesamtausgabe der griechischen Tragiker haben sich mir neue Beobachtungen über den Wert der Handschriften, von denen nur die maßgebenden in Betracht kamen, und über einzelne Lesarten ergeben, die mir für die Behandlung und das Verständnis des Textes bedeutsam scheinen. Da unter den jetzigen Verhältnissen keine Aussicht besteht, daß die Hauptarbeit zur Veröffentlichung kommt, möchte ich wenigstens in aller Kürze die neuen Ergebnisse der Wissenschaft zugänglich machen.

Diese Ergebnisse beruhen zum Teil auf einer besonderen textkritischen Methode, deren Grundsätze aus der Übersicht der Fehlerquellen, der Gewohnheiten der Abschreiber und verschiedener Einflüsse abgeleitet sind.[1]) Deshalb schicke ich solche Grundsätze voraus in Ergänzung einer früheren Abhandlung „Über die Methode der Textkritik und die handschriftliche Überlieferung des Homer" (Sitzungsb. 1908).

Die paläographische Behandlung des überlieferten Textes, die eigentliche Buchstabenkritik, darf sich nicht zu enge Schranken auferlegen. Allgemeine Ähnlichkeit des Wort-

---

[1]) In der Abhandlung Ars critica quid sibi habeat propositum et qua utatur ratione Mnemos. 1920 S. 238 sagt wohl J. J. Hartman mit Recht: innumeri sunt errores, quos cum omnes homines tum librarii committere possunt, et innumerae errorum causae. Ergo non potest ars critica certis definiri et constringi legibus. Ubique pro re nata agendum est. Aber das Folgende wird zeigen, daß die Behauptung einer Einschränkung bedarf. — Andere Gesichtspunkte verfolgt H. Kantorowicz in „Einführung in die Textkritik", 1921. Was z. B. S. 31 über lectio difficilior ausgeführt wird, betrifft nicht die Entstehung der Korruptelen, sondern die Wahl zwischen zwei Lesarten. Eher gehört hieher, was S. 33 über Abirrung vorkommt.

bildes konnte eine Korruptel hervorrufen und besonders zur Anbringung eines geläufigeren Wortes verleiten. Aus ἁλοσύδνας, welches Naber Pers. 579 gefunden hat, ist ἁλὶ δεινά geworden. Cho. 882 lag ἐπὶ ξυροῦ näher als ἐπιξήνου, welches von Abresch erkannt und durch πέλας sichergestellt ist. Herk. 1010 findet sich für „wir blieben stehen" die abstruse Wendung ἡμεῖς δ' ἐλευθεροῦντες ἐκ δρασμῶν πόδα statt ἐλινύοντες. Der Akkusativ πόδα steht wie in βαίνω πόδα. In Eur. Hiket. 55 ἔτεκες καὶ σύ ποτ', ὦ πότνια, κοῦρον φίλα ποιησαμένα λέκτρα πόσει σῷ ist der Ausdruck ποιησαμένα λέκτρα unsagbar prosaisch. Den poetischen Ausdruck bietet das Homerische τῷ δ' ἄλοχος δέσποινα λέχος πόρσυνε καὶ εὐνήν (γ 403, η 347, Γ 411). In πορσυναμένα λέκτρα ist das Medium („von sich") ganz geeignet. Sehr leicht konnte der Abschreiber τόδε und τάδε, ὅ und ἅ verwechseln. Selten aber bietet der Gedanke ein sicheres Kriterium gegen die überlieferte Form. So kann man Hel. 97 μανέντ', ἐπεὶ τίς σωφρονῶν τλαίη τάδ' ἄν; (nämlich, daß er sich in sein Schwert stürzt), ebd. 710 αὕτη. λόγοις ἐμοῖσι πίστευσον τάδε (daß diese meine Gattin ist) τόδε erwarten oder ebd. 1071 σιγήσομαι (ich werde schweigen, nicht verschweigen) ὅ (für ἅ) μου καθικετεύσατε. Ebd. 1232 ist τάδε in χρόνια μὲν ἦλθεν, ἀλλ' ὅμως αἰνῶ τάδε für τόδε durch χρόνια veranlaßt, während auf ἄρχε τῶν ἐμῶν γάμων (τῶν λέκτρων ἐμῶν?) hingewiesen wird. Or. 1041 ist nach ἀλλ' αὐτόχειρι θνῇσχ' ὅτῳ βούλει τρόπῳ die Antwort ἔσται τόδ' natürlicher als τάδ'. Pers. 805 ist κεἴπερ τάδ' ἐστί für τόδ' durch den Plural in συμβαίνει γὰρ οὐ τὰ μέν, τὰ δ' οὔ veranlaßt, während dem Sinne „wenn es sich so verhält" der Singular mehr entspricht. Cho. 516 δειλαία χάρις ἐπέμπετ' —οὐκ ἔχοιμ' ἂν εἰκάσαι τάδε - τὰ δῶρα wurde τάδε durch τὰ δῶρα hervorgerufen, ist aber in der Handschrift selbst in τόδε verbessert. Überhaupt gestatten verschiedene Fälle, in denen Elmsley (z. B. Heraklid. 246), Lenting (z. B. ebd. 511), Dobree (z. B. Andr. 271), King (z. B. Or. 695), Hermann u. a. den Singular hergestellt haben, allgemein zu behaupten, daß häufig der Plur. τάδε (und ἅ) an die Stelle des Singulars getreten ist, wenn auch Heraklid. 393 πεδία μὲν οὖν γῆς ἐς τάδ' οὐκ ἐφῆκέ πω der Plural τάδε für τόδε erst von H. Stephanus herrührt. Sehr ~~nahe~~ lag dem Abschreiber die Vertauschung von κακούμενοι mit θανούμενοι Heraklid. 594 εἰ γὰρ ἕξομεν κἀκεῖ (im Hades) μερίμνας οἱ κακούμενοι βροτῶν, οὐκ οἶδ' ὅποι τις τρέψεται. Diese Emendation von Kayser bleibt häufig unbeachtet, als ob der Gedanke auch für diejenigen gälte, welche sich auf der Oberwelt wohl befinden. Mit der Emendation bleibt also auch die Logik außer acht. — Unter den paläographischen Gesichtspunkt fällt auch die unrichtige Verbindung bzw. Trennung von Silben und Wörtern. Sehr glücklich hat Murray Hel. 196 κατασκαφὰ πυρὶ μέλουσ' ἰδαίω in κατασκαφαὶ πυρὶ μέλουσι δαΐῳ verbessert. Auch die Änderung, welche F. W. Schmidt für Tro. 350 ἐσωφρονήκασ' vorgeschlagen hat, ἐς σῶφρον ἥκεις (und σαῖς τύχαις), scheint dem Sprachgebrauch des Euripides angemessen (vgl. Hel. 932 πάλιν μ' ἀνάξουσ' ἐς τὸ σῶφρον) und richtig zu sein. Ebenso kann in Soph. Frg. 39 ἔσπεισα βαιᾶς κύλικος ὥστε δεύτερα, wo ὥστε unbrauchbar ist, ἔσπεισα βαιᾷ κύλικι σῶστρα δεύτερα den Sinn herstellen und erst recht ist in Eur. Frg. 467, 4, wo καὶ πεπτὰ καὶ κροτητά den Sinn „Gekochtes und Gebratenes" haben soll, dieses aus καὶ πεπτὰ καὶ κρέ' ὀπτά entstanden.

Heraklid. 490 ist σφάξαι κελεύειν μητρός statt des von Pierson gefundenen σφάξαι κόρη Δήμητρος überliefert. Diese Lesart ist aus κελεύειν κόρη δήμητρος entstanden, worin die Überschrift κελεύειν das vorhergehende σημαίνειν zur Erklärung wiederholt. Dieses substituierende Verfahren, auf welches bekanntlich Heimsöth mit großem Erfolg aufmerksam gemacht hat, ist in der Textkritik zu einer ausgedehnten Bedeutung gelangt. Zu den erfreulichsten Emendationen im Äschylos rechne ich die von Mor. Schmidt Sieb. 563 καὶ τὸν σὸν αὖθις προυσελῶν ὁμόσπορον, wo προσμόραν die Reste von προυσελῶν ὁμόσπορον und ἀδελφεόν das Glossem zu ὁμόσπορον enthält. Eur. Hik. 993 erklärt sich λαμπάδ' ἵν' aus $\dfrac{λαμπάδ'}{ἀκτῖν'}$. Nach ὁμοιός· χαλεπός, φοβερός, στυγνός hat Hesych. die Glosse ὁμοιῷ προσώπῳ· φοβερῷ ἢ στυγνῷ, σκυθρωπῷ. Die Verbindung mit προσώπῳ und die Erklärung στυγνῷ, σκυθρωπῷ machen es wahrscheinlich, daß die Glosse σμοιῷ προσώπῳ entweder Ag. 644 oder vielmehr Alk. 777 (774 σκυθρωπόν) angehört. — Sieb. 723 finden wir χθονία an der Stelle von γαῖα, Äsch. Hik. 204 ist μετώπων eine Variante zu dem folgenden προσώπων (ἐκ σεσωφρονισμένων ἴτω μετώπων), 503 ist πολισσούχων aus dem vorhergehenden Vers wiederholt, 676 rührt φλεγόντων von φλεόντων her, das an Stelle von γεμόντων zu stehen hat, Ag. 937 hat θεῶν, das durch πρόσωθεν ersetzt wird, über φθόνος geschrieben πέπλοις verdrängt, 1022 hat Naber κτησίου Διός für κτησίου βωμοῦ eingesetzt, Cho. 587 ist πλάθουσι Glossem zu βρύουσι, welches Hermann in βροτοῖσι gefunden hat. Med. 802 gibt B τίσει δίκην, L δώσει δίκην. Man darf annehmen, daß diese Vertauschung auch an anderen Stellen stattgefunden hat; aber da beide Ausdrucksweisen gebräuchlich sind, kann man ohne besonderen Anhaltspunkt die Überlieferung nicht kontrollieren. Ein Anhaltspunkt liegt Jon 445 δίκας βιαίων δώσει' ἀνθρώποις γάμων vor, da τίσει' durch die Beziehung auf τίνοντες ἀδικίας einen Vorzug erhält. — Schon bei Homer findet sich die Vertauschung von δόλος und λόχος (vgl. Zenodot und Aristarch, Sitzungsb. 1919, 7, S. 82). Auch Phön. 266 und noch mehr 362 erscheint λόχος als das bezeichnendere Wort: Polynikes, das Schwert in der Hand, blickt bald nach dieser, bald nach jener Seite, weil er einen Hinterhalt fürchtet. — Phön. 1350 ἀνάγετ' ἀνάγετε κώκυτον ἐπὶ κάρα τε λευκοπήχεις κτύπους χεροῖν erwartet man, wenn man die eigentliche Bedeutung von κτύπος ins Auge faßt, κόπους. Diese Verbesserung wird bestätigt durch Tro. 794, wo στέρνων τε κτύπους überliefert ist, das Versmaß aber στέρνων τε κόπους fordert. Cho. 23 hat Jacob σὺν κόπῳ hergestellt. Der Med. gibt κύπτωι (aus κυ*ωι korrigiert) und Arnald wollte κτύπῳ schreiben. Die Glosse ἀντὶ τοῦ κοπετῷ und das Schol. ὅπως ἐναγίζουσα κόψωμαι καὶ θρηνήσω weisen auf κόπῳ hin. Schließlich geht κυ*ωι auf κόπωι und κτύπωι zurück, wofür wir unten eine Reihe von Analogien finden werden. —

Zu Hek. 1100 αἰθέρα (oder αἰθέρ') ἀμπτάμενος οὐράνιον ὑψιπετὲς ἐς μέλαθρον gibt uns, da auch sonst[1]) αἰθήρ und οὐρανός vertauscht werden, das Schol. in A: ἔν τισι τὸ αἰθέρα οὐ φέρεται Aufklärung über den Sachverhalt: αἰθέρα rührt von der Korrektur $\frac{αἰθερ}{οὐράνιον}$. her, so daß wir den ursprünglichen Text ἀμπτάμενος αἰθέριον ὑψιπετὲς ἐς μέλαθρον erhalten, wie es Iph. T. 843 μὴ πρὸς αἰθέρα ἀμπτάμενος φύγῃ, Heraklid. 653 κατ' αἰθέρ' ἀεὶ πτεροῖσι φορείσθω, Jon 796 ἀν' ὑγρὸν ἀμπταίην αἰθέρα, Med. 440 αἰθερία δ' ἀνέπτα und in der Parodie des Aristophanes Frö. 1351 δ δ' ἀνέπτατ' ἀνέπτατ' ἐς αἰθέρα heißt. Diese Wahrnehmung kann einiges Licht über eine unverständliche Stelle Tro. 1077 verbreiten:

μέλει μέλει μοι τάδ' εἰ φρονεῖς, ἄναξ,
οὐράνιον ἕδρανον ἐπιβεβώς,
αἰθέρα τε πόλεως ὀλομένας,
ἃν πυρὸς αἰθομένα κατέλυσεν ὁρμά.

Der Chor hält Zeus vor, daß er Troia trotz seiner Opfer und frommen Werke nicht vor dem Untergang bewahrt habe. Vgl. 1242 μάτην ἐβουθυτοῦμεν. Was αἰθέρα hier soll, ist unerfindlich. Nur ein Didymos kann es mit ἐμπυρισμόν, ἀπὸ τοῦ αἴθεσθαι erklären. Offenbar rührt es unter οὐράνιον von αἰθέριον her, sei es nun, daß αἰθέριον ἕδρανον an die Stelle von οὐράνιον ἕδρανον gekommen ist oder umgekehrt, und hat einen passenderen Ausdruck wie ἔργ' ὅσια verdrängt (ἔργ' ὅσ' ἐμᾶς πόλεος ὀλομένας = τέρμονά τε πρωτόβολον ἀελίῳ 1069). In dem Schol. μέλει μοι εἰ φρονεῖς τῆς πόλεως καταλυομένης ist φρο-

---

[1]) Phön. 84 φαενναὶς οὐραʼοῦ ναίων πτυχάς muß man nach Or. 1636 ἐν αἰθέρος πτυχαῖς und Hel. 605 πρὸς αἰθέρος πτυχάς für οὐρανοῦ αἰθέρος vermuten. Nach Hipp. 601 ἡλίου τ' ἀναπτυχαί, Jon 1445 αἰθέρος ἀμπτυχαί und nach Hesych. ἀναπτυχαί· ἀνατολαί, ἀκτῖνες ist auch Soph. Fragm. νυκτός τε πηγὰς αἰθέρος τ' ἀναπτυχάς für οὐρανοῦ τ' ἀναπτυχάς zu setzen, Eur. Frgm. 839, 10 τὰ μὲν ἐκ γαίας φύντ' εἰς γαῖαν, τὰ δ' ἀπ' αἰθερίου βλαστόντα γονῆς εἰς οὐράνιον πάλιν ἦλθε πόλον entspricht dem γαίας ... γαῖαν auch αἰθερίου ... εἰς αἰθέριον ... πόλον, wie zwei Zitate εἰς αἰθέρα geben, vgl. 911, 3 εἰς αἰθέριον πόλον.

νεῖν mit φροντίζειν verwechselt. — Hier können zwei coniecturae palmares, die wenig gewürdigt werden, zu Ehren gebracht werden. Hel. 388 ruft Menelaos dem Pelops zu: „Wärest du doch damals, als dich Tantalos den Göttern als Speise vorsetzte, zugrunde gegangen und hättest nicht den Atreus gezeugt." In dem Satze εἴθ' ὤφελες τόθ', ἡνίκ' ἔρανον εἰς θεοὺς πεισθεὶς ἐποίεις, ἐν θεοῖς λιπεῖν βίον muß der Name Tantalos verloren gegangen sein. Dafür bietet nur das neben ἐν θεοῖς unmögliche εἰς θεούς Raum: durch die Überschrift εἰς θεούς ist ἐν θεοῖς in die untere Zeile geraten. In πεισθείς aber muß der Sinn „als er dich den Göttern vorsetzte" enthalten sein, also προθεὶς σε. So hat Hartung, der sospitator Euripidis, mit εἴθ' ὤφελες τόθ', ἡνίκ' ἔρανον ἐν θεοῖς προθείς σ' ἐποίει Τάνταλος, λιπεῖν βίον den Text glänzend hergestellt. — Von dem vergifteten Gewande, welches an den Gliedern des Herakles klebt, heißt es Trach. 836 δεινοτάτῳ μὲν ἄρθρα προστετακὼς φάσματι. Das Wort φάσματι ist unverständlich. Wunder hat das passende Wort νήματι (Gespinst) gefunden. Die Erklärung gibt Hesych. νήματι· ὑφάσματι. Die Glosse scheint aber aus dieser Stelle zu stammen. Es ist also φάσματι aus dem Glossem ὑφάσματι entstanden. Das gleiche Wort ὕφασμα hat wohl auch Jon 1424 die Unordnung hervorgerufen: wenn in ἰδού, τόδ' οἷον φῂς σπάθημ' εὑρίσκομεν unter Einwirkung der vorausgehenden Verse ὕφασμα über σπάθημα stand (Hesych. σπάθημα· πύκνωμα), konnte der überlieferte Text ἰδού, τόδ' ἔσθ' ὕφασμα θέσφαθ' ὡς εὑρίσκομεν zustande kommen. — Wie oben von κόρη Δήμητρος noch μητρός übrig geblieben ist, so scheint Hek. 620, wo Hekabe klagt, daß von dem ehemaligen Reichtum ihres Hauses nichts mehr vorhanden sei, um die Leiche ihrer Tochter würdig zu schmücken, der in A überlieferte Text ὦ πλεῖστ' ἔχων κάλλιστα κ' εὐτεκνώτατα Πρίαμε von κειμήλι' noch κ übrig behalten zu haben, welches als καί genommen die verkehrte Verbindung κεὐτεκνώτατα hervorrief. Auch die in anderen Handschriften verbesserte Verbindung ὦ πλεῖστ' ἔχων κάλλιστα κεὐτεκνώτατε bringt eine für den Zusammenhang ungehörige Verbindung zustande. Der Reichtum des Hauses besteht nach Homer in den κειμήλια und so entspricht dem Sinne ὦ πλεῖστ' ἔχων κειμήλι', εὐτεκνώτατε Πρίαμε. Zu Eur. Hik. 30

φρίξας ὑπὲρ γῆς τῆσδε κάρπιμος σταχύς.
δεσμὸν δ' ἄδεσμον τόνδ' ἔχουσα φυλλάδος

habe ich schon früher bemerkt, daß der Sinn ὑπὲρ γῆς νῶτα verlangt. Aber auch φυλλάδος erfordert das hinweisende τῆσδε. Also ist τῆσδε als eine Verbesserung des darunter stehenden τόνδε zu betrachten.

Auf Grund solcher Beobachtungen läßt sich auch Sicherheit für die Emendation von Sieb. 162 μελόμενοι δ' ἀρήξατε (= ἑτεροφώνῳ στρατῷ) gewinnen. Von den vorgebrachten Konjekturen entspricht allein das von Enger vorgeschlagene μελόμενοι δ' ἔλθετε und der überlieferte Text muß aus ἔλθετ' ἀρήξατε entstanden sein, vgl. Soph. El. 115 ἔλθετ' ἀρήξατε. Dieses Verfahren wird getroffen durch den Witz von Cobet „Callistratus: legendum videtur Philonides". Aber das paläographische Verfahren kann nicht Med. 816 σὸν σπέρμα für σὼ παῖδε herstellen und daß Hel. 34 εἴδωλον ἔμπνουν αἰθέρος ξυνθεῖσ' ἄπο für οὐρανοῦ zu setzen ist, wird durch 584 αἰθήρ, ὅθεν σὺ θεοπόνητ' ἔχεις λέχη bewiesen. Überhaupt kommt der Textkritiker, welcher lediglich die Ähnlichkeit der Buchstaben zum Maßstab von Emendationen macht, ins Gedränge, wenn der Gedanke gebieterisch eine empfindliche Abweichung von der handschriftlichen Überlieferung fordert. Hel. 860 ruft Helena beim Erscheinen der Seherin Theonoe dem Menelaos zu: φεῦγ'· ἀτὰρ τί φευκτέον; ἀποῦσα γάρ σε καὶ παροῦσ' ἀφιγμένον δεῦρ' οἶδεν. Der Gedanke kann nur sein: „Die Flucht kann dir nichts helfen; du magst hier, darfst anderswo sein, Theonoe weiß doch, daß du hieher gekommen bist." Also hat Schenkl mit Recht ἀπόντα ... παρόντα verlangt. Diese Emendation ist bei Murray nicht einmal erwähnt. Äsch. Ag. 1625 f. ist γυνὴ σὺ (so Hermann für γύναι, σύ) τοὺς ἥκοντας ἐκ μάχης μένων (so Wieseler für νέον) οἰκουρός, εὐνὴν ἀνδρὸς αἰσχύνων (so H. Keck für αἰσχύνουσ', das wegen γύναι geschrieben wurde) ἅμα hergestellt worden. Cho. 894 θανόντα δ' οὔτι μὴ προδῷς ποτε erfordert die Stellung an der Spitze des Satzes θανοῦσα. Eum. 778 schließt Orestes seine Abschiedsrede mit den Worten καὶ χαῖρε καὶ σὺ καὶ πολισσοῦχος λεὼς πάλαισμ' ἄφυκτον τοῖς ἐναντίοις ἔχοις. Er kann das nicht als Wunsch aussprechen, was Tatsache ist; also muß ἔχων gesetzt werden. In dem letzten der neuen Fragmente der Antiope V. 67 bietet der Papyrus δένδρη τε μητρὸς ἐκλιποῦσα (für ἐκλιπόνθ') ἑδώλια. — Wenn man den Sinn beachtet, kann die Herstellung von Heraklid. 784

δέσποινα, μύθους σοί τε συντομωτάτους
κλύειν ἐμοί τε τῷδε καλλίστους φέρω

nicht zweifelhaft sein. Zunächst ist klar, daß καλλίστους der Alkmene gilt, der die Siegesbotschaft verkündet wird, dagegen συντομωτάτους dem Boten, dem die Kürze des Berichts zustatten kommt. Also muß σοί τε καλλίστους φέρω verbunden werden. Zweitens ist ἐμοὶ τῷδε ein stilwidriger Ausdruck. Eher aber ist anzunehmen, daß τῷδε mit ἐμοί als daß ἐμοί mit τῷδε glossiert wurde. Allerdings ist bezweifelt worden, ob τῷδε allein ohne ἀνδρί für ἐμοί stehen kann. Aber vgl. Alk.1090 οὐκ ἔστιν ἥτις τῷδε συγκλιθήσεται, Öd. K. 450, 1405, Trach. 305 τῆσδε, wie auch im Lat. hic ohne homo für ego sich findet. Dazu kommt, daß dem κλύειν gegenüber ein λέγειν erwartet wird. Sohin scheint dem Texte

δέσποινα, μύθους σοί τε καλλίστους φέρω
κλύειν λέγειν τε τῷδε συντομωτάτους

in keiner Weise die Sicherheit zu fehlen. Diese beanspruche ich auch für Eum. 850, wo Athena die Erinyen besänftigt:

ὀργὰς ξυνοίσω σοι· γεραιτέρα γὰρ εἶ.
καὶ τῷ μὲν εἶ σὺ κάρτ' ἐμοῦ προφερτέρα,
φρονεῖν δὲ κἀμοὶ Ζεὺς ἔδωκεν οὐ κακῶς

oder für Pers. 601 „es ist menschlich im Unglück gleich ganz zu verzagen, im Glück zu glauben, daß es immer so bleibe"

φίλοι, βροτείων ὅστις ἐμπερὴς κυρεῖ,
ἐπίσταται, κακῶν μὲν ὡς ὅταν τινὰ
κλύδων ἐπέλθῃ, πάντα δειμαίνειν φιλεῖ,
ὅταν δ' ὁ δαίμων εὐροῇ, πεποιθέναι,
τὸν αὐτὸν αἰεὶ πνεύματ' οὐριεῖν τύχης

trotz mehrfacher Abweichungen von der Überlieferung. Soph. El. 459 οἶμαι μὲν οὖν, οἶμαί τι κἀκείνῳ μέλον (wie ἐξόν, παρόν, „auch durch jenen veranlaßt") πέμψαι τάδ' αὐτῇ δυσπρόσοπτ' ὀνείρατα wird die Änderung von πέμψαι in ἐλθεῖν anzuerkennen sein, also auch Philonides für Callistratus.

Schon in einigen der vorausgehenden Fälle ist ein drittes Verfahren vorweg genommen, welches ich als das psychologische bezeichne, weil die Vorstellung von der Beziehung der Worte und der Einfluß der Umgebung auf den ursprünglichen Text eingewirkt und die Änderung besonders von Endungen herbeigeführt hat. Es ist erklärlich, daß in Eur. Frg. 728 aus πόλεμος ... ἐσθλῶν δὲ χαίρει πτώμασιν νεανιῶν, κακῶν (scil. πτώματα) δὲ μισεῖ in der Überlieferung κακοὺς δὲ μισεῖ wurde oder daß ebd. 834 ἦν καὶ δίκῃ θνήσκῃ τις, οὐχ ἧσσον ποθεῖ πᾶς τις δακρύειν τῶν προσηκόντων φίλων in τοὺς προσήκοντας φίλους überging. Diese Verbesserung wurde wohl nur deshalb übersehen, weil solche Art der Korruptel wenig geläufig ist. Ein recht sprechendes Beispiel haben wir an Ag. 1129 ἰὼ ἰὼ ταλαίνας κακόποτμοι τύχαι· τὸ γὰρ ἐμὸν θροῶ πάθος ἐπεγχέασα. Tittler hat mit ἐπεγχέας die Responsion hergestellt. Hermann hat gesehen, daß es dann θροεῖς heißen muß. Emperius hat an θρόῳ gedacht. Aber θρόῳ πάθος ἐπέγχεας ergibt eine Katachrese; etwas anderes wäre ποτῷ wie 1260. Wie Eum. 18 ἵζει τέταρτον τοῖσδε μάντιν ἐν θρόνοις J. Voß τοῖσδε für τόνδε hergestellt hat, so läßt sich eine Reihe von Fällen aufzählen, wo in den erhaltenen Tragödien die Endungen von ὅδε geändert werden müssen. Z. B. steht Öd. K. 786 κακῶν ... τῶνδ' für τῆσδ' ... χθονός. Gleich im folgenden Vers ist τόδ' für τάδ' zu setzen. Ich erwähne hier nur eine Stelle, die häufig unbeachtet bleibt und auch von mir früher nicht richtig beurteilt worden ist, Heraklid. 160.

L gibt μὴ γὰρ ὡς μεθήσομεν δόξης (δόξης richtig Barnes) ἀγῶνα τόνδ' ἄτερ χαλυβδικοῦ. Wie Dobree gesehen hat, gibt nur ἀγῶνος χαλυβδικοῦ einen annehmbaren und zwar echt poetischen Sinn. Daraus geht hervor, daß τούσδε (für τόνδε) sich auf die Herakliden beziehen muß. Der tadellose Text μὴ γὰρ ὡς μεθήσομεν δόξης ἀγῶνος τούσδ' ἄτερ χαλυβδικοῦ sollte nicht länger verkannt werden. So läßt sich auch Jon 84 ἄστρα δὲ φεύγει πυρὶ τόδ' αἰθέρος ἐς νύχθ' ἱεράν herstellen (πυρὶ τόδ' gibt L, πυρὶ τῶδ' P, πῦρ τόδ' p). Mit πῦρ τοῦδ' αἰθέρος wird dem Sinne wie dem Versmaß genügt (πυρὶ für πῦρ auch 203). Der umgekehrte Fall, daß das Substantiv mit τῶνδε übereingemacht worden ist, findet sich Eur. Hik. 17 νεκροὺς ... δὲ θάψαι θέλουσι τῶνδε μητέρων χθονί. Schon der Korrektor der Handschrift hat erkannt, daß τῶνδε μητέρες für τῶνδε μητέρων gesetzt werden muß. Trach. 883 ist τάνδ' αἰχμᾷ zu τάνδ' αἰχμὰν geworden. Unmittelbar vorher hat τίνος, in τίνες verdorben, den Übergang von νόσος in νόσοι herbeigeführt. Denn daß es τίνος νόσος heißen muß, zeigt der Singular ξυνεῖλε. Äsch. Hik. 391 gibt der Med. μένει τοι Ζηνὸς Ἱκταίου κότος ὧ δυσπαρθέλκτοις παθόντος οἴκτοις und am Rande δυσπαρθενήτοις. Burges hat die Stelle richtig aufgefaßt: μένει ... κότος δυσπαραθέλκτους παθόντος οἴκτοις, der Ingrimm des Zeus erwartet diejenigen, die sich durch kein Mitleid mit dem Unterdrückten besänftigen lassen, der Groll des Zeus erwartet die Unbarmherzigen. Hier hat der feinsinnige Schütz den Gedanken nicht erkannt, da er δυσπαράθελκτος geschrieben hat. Sonst hat gerade ihm diese Art des Verfahrens glückliche Emendationen ermöglicht; nur auch Sieb. 895 nicht, wo σιδαρόπλακτοι ganz zu Recht besteht und σιδαροπλάκτους einem Mißverständnisse entstammt. Ich habe über diese Stelle und die ganze Art des kritischen Verfahrens im Philol. gehandelt. Äsch. Hik. 467 τύχαν γυναικῶν ταῦτα συμπρεπῇ πέλοι hat Marckscheffel τύχαν in τάχ' ἂν verbessert. Durch τύχαν ist auch γυναικῶν statt γυναιξὶν entstanden. Pers. 541 πολλαὶ δ' ... διαμυδαλέοις δάκρυσι κόλπους τέγγουσι ist schon in einer jüngeren Handschrift in διαμυδαλέους verbessert. Soph. El. 835 hat Morstadt *κατ' ἐμοῦ τακομένας μᾶλλον ἐπεμβάσῃ* in *κατ' ἐμοὶ τακομένᾳ* verbessert. Diese evidente Emendation wird von Jebb verworfen unter der irrigen Voraussetzung, daß *κατά* dann zu *ἐπεμβάσῃ*, nicht zu *τακομένᾳ* gehöre. Drei solche Fehler finden sich in vier aufeinanderfolgenden Versen Cho. 842: *ἑλκαίνοντι καὶ δεδηγμένῳ (φόνῳ)* statt *ἑλκαίνουσι καὶ δεδηγμένοις (δόμοις)*, *δειματούμενοι (λόγοι)* statt *δειματουμένων (γυναικῶν)*, *θνήσκοντες (λόγοι)* statt *θνήσκοντος (Ὀρέστου)*. Eum. 474 ist *βροτῶν* (Schol. μεῖζον ἢ κατὰ ἀνθρώπους) für *βροτοῖς*, 502 **β ρ ο τ ο σ κ ό π ο υ ς   μ α ι ν ά δ α ς   τ ῶ ν δ'** für *βροτοσκόπων μαινάδων τῶνδ'* zu setzen. Trach. 205 weist das sonst gebräuchliche *δόμων ἐφέστιος* darauf hin, daß *δόμοις ἐφεστίοις ἀλαλαγαῖς* aus **δ ό μ ω ν   ἐ φ ε σ τ ί ο ι ς   ἀ λ α λ α γ α ῖ ς** entstanden ist. Das Subjekt hat Erfurdt mit *ἃ μελλόνυμφος* gewonnen. Eine Emendation dieser Art Öd. T. 1465 *πάντων τῴδ'* (für *πάντων τῶνδ'*), die von Schneidewin herrührt, hebe ich hervor, weil ich sie nirgends gewürdigt finde. — Alk. 569 ist *ὦ πολύξεινος καὶ ἐλευθέρου* (für *ἐλεύθερος*) *ἀνδρὸς ἀεί ποτ' οἶκος* zu schreiben. Ebenso ist Adesp. 110 S. 861 N. *οὐκ ἦν ἄρ' οὐδὲν πῆμ' ἐλευθέραν δάκνον ψυχὴν ὁμοίως ἀνδρὸς ὡς ἀτιμία* aus dem Text von Klemens *ἐλευθέρου* aufzunehmen. Der Anlaß solcher Korruptel bestimmt auch die Art der Behandlung. Öd. T. 688 *ὁρᾷς ἵν' ἥκεις· ἀγαθὸς ὢν γνώμην ἀνὴρ τοὐμὸν παριεὶς καὶ καταμβλύνων κέαρ* hat Hartung in der richtigen Erkenntnis des Satzverhältnisses *παρίῃς καὶ καταμβλύνεις*, Heimsöth *παρίῃς καὶ καταμβλύνει* gesetzt. Dem Sinne entspricht die eine wie die andere Änderung. Da aber *καταμβλύνων* davon herrührt, daß *παριεὶς* nicht als zweite Person (*παριεῖς*), sondern als Partizip betrachtet wurde, so setzt es *καταμβλύνεις* voraus. Ebd. 808 *καί μ' ὁ πρέσβυς ὡς ὁρᾷ ὄχου παραστείχοντα τηρήσας* ist *ὄχου* durch *πάρα* entstanden; es ist also *ὄχον* mit Schäfer zu schreiben, nicht *ὄχους* mit Döderlein in der Meinung dem überlieferten *ὄχον* näher zu kommen.

Den vierten und letzten Gesichtspunkt des kritischen Verfahrens kann man als **statistischen** bezeichnen, weil eine mehr oder weniger große Zahl gleichartiger Fälle in Betracht kommt. Ich will gleich einen sehr auffälligen und schon früher hervorgehobenen, aber wenig gewürdigten Fall anführen. Rhes. 54 bieten alle Handschriften αἴρεσϑαι (oder αἵρεσϑαι) φυγὴν μέλλουσι, nur das Fragment einer Handschrift aus dem 4. oder 5. Jahrhundert, welches Wilcken in den Stzb. d. pr. Ak. d. W. 1887 S. 813 ff. veröffentlicht hat, gibt αιρεισϑαι, d. i. ἀρεῖσϑαι. Äsch. Hik. 344 hat M αἴρασϑαι für ἄρασϑαι. Ebenso gibt eine Pariser Handschrift Prom. 677 ξυναίρασϑαι und das Schol. M συνουσιάσαι bestätigt den Aor. Cho. 787 hat M ἀίρας für ἄρας, Hik. 961 ἔρισϑε korr. in ἔρεισϑε, was Cobet in ἀρεῖσϑαι verbessert hat, wie mit ἔοικα gern das Fut. verbunden wird. Trach. 491 geben die Handschriften ἐξαιρούμεϑα für ἐξαρούμεϑα und 795 hat L ἀρας mit ι über αρ, 799 αἴρον, 1193 ἐξαιρέντα für ἐξάραντα. Heraklid. 322 ὑψηλὸν ἀρῶ καὶ ... εὐφρανῶ hat Elmley ἀρῶ für αἴρω hergestellt, Hel. 1597 ἀρεῖται für αἰρεῖται, Eur. Hik. 772 εἶμ' ἐπαρῶ für εἶεν αἴρω, ebd. 581 hat Cobet οὗτοι μ' ἐπαρεῖς für ἐπαίρεις gesetzt. Hek. 1141 hat L ἄρειαν erhalten, A bietet αἴροιαν, B αἴρειαν, ebd. 105 hat L ἀραμένη und A ἀραμένα, B ἀρομένη, Hipp. 198 ἄρατε LB, αἴρετε A. Man sieht, wie die Formen ἀρῶ, ἀροῦμαι, ἀρεῖσϑαι, ἄρω, ἄρωμαι, ἄρασϑαι schwer zu ihrem Rechte kommen, zu dem ihnen der Sprachgebrauch verhelfen muß. Zunächst ist αἰροῦνται nicht in αἴρονται, sondern in ἀροῦνται zu verbessern Eur. Frgm. 50 und Öd. K. 424 τῆς μάχης πέρι, ἧς νῦν ἔχονται κἀπαναιροῦνται δόρυ, wo κἀπαναροῦνται sich auf den künftigen Zweikampf der beiden Brüder bezieht. Rhes. 451 hat L. Dindorf μή τις ἀσπίδ' ἄρηται für αἴρηται (αἰρεῖται, αἰρέτω) gesetzt. Ebenso ist Rhes. 126 κἂν μὲν ἄρωνται φυγήν (für αἴρωνται), Kykl. 131 δρᾶσον ὡς ἀπάρωμεν (für ἀπαίρωμεν), Äsch. Hik. 448 πόλεμον ἄρασϑαι (für αἴρεσϑαι) μέγαν πᾶσ' ἔστ' ἀνάγκη, Heraklid. 504 πόλις μὲν ἀξιοῖ ... ἄρασϑαι, ebenso Neophron Frg. 3, 6 S. 731 N., Tro. 465 ἄρατ' (für αἴρετ' wie Hipp. 198) εἰς ὀρϑὸν δέμας, ebenso Hipp. 1361, Trach. 1255, 1264, Eur. El. 791 λούτρ' ὡς τάχιστα ... τις ἀράτω (für αἰρέτω), so wahrscheinlich auch Achaeos Frg. 17, 15 p. 750 N. ναί· καὶ τράπεζαν' (für τράπεζά γ') ἐκποδών τις ἀράτω (für ἀπαίρεται). Trach. 117 ist αὔξει bei der Beziehung auf die Wogen, welche das Schiff bald senken bald heben, überraschend. Aber L gibt ursprünglich ἄξει und Ö. K. 177 hat Elmsley ἄξει in ἄρῃ verbessert: ἄρεν entspricht auch hier dem Bilde.

Das oben angeführte Beispiel Rhes. 54 ἀρεῖσθαι φυγὴν μέλλουσι bestätigt die Regel, daß bei μέλλω (beabsichtige), wenn das Versmaß es gestattet, der Infin. Fut. steht. Ebd. 955 geben die einen Handschriften ἔμελλον οὐ πέμψειν, die anderen πέμπειν. Öd. T. 967 halten manche κτανεῖν ἔμελλον fest, obwohl die Vertauschung von κτανεῖν und κτενεῖν zu den häufigsten Fehlern gehört. Andr. 407 gibt P κτενεῖν μέλλουσιν, alle anderen κτανεῖν. Wer wird Bakch. 205 nicht μέλλων χορεύσειν oder Alk. 513 θάψειν ... μέλλω schreiben, wenn er weiß, wie oft solche Formen vertauscht werden? Gleich Bakch. 567 haben wir den umgekehrten Fall: für ἥξει τε χορεύσων erwartet man χορεύων und so hatte L ursprünglich, denn σων steht auf einer Rasur. Richtig geben jüngere Hdschr. Prom. 884 ἥξουσι θηρεύοντες οὐ θηρασίμους γάμους für θηρεύσοντες, sonst würde θηράσοντες stehen. Phil. 1242 ist entsprechend τίς ἔσται μ' οὑπικωλύων (für οὑπικωλύσων) τάδε; zu schreiben, nicht mit Herwerden τίς ἐστί μ' οὑπικωλύσων τάδε; Sieb. 29 geben jüngere Hdschr. κἀπιβουλεύειν für κἀπιβουλεύσειν, vgl. Schol. ἐν νυκτὶ ἀγορεύεσθαι καὶ βουλεύεσθαι. Überhaupt bieten uns die Handschriften in diesen Tempusformen eine solche Unsicherheit, daß nur der Sinn, die Grammatik, das Sprach- und Stilgefühl die richtige Wahl treffen können. Med. 1232 und Phön. 49 schwanken die Handschriften zwischen ξυνάπτειν und ξυνάψειν. Eum. 601 hat Scaliger nach dem Schol. πέμψει für πέμπει gesetzt. Trach. 534 gibt L φράζουσα für φράσουσα. Iph. A. 458 ἕσπετο θυγατρὶ νυμφεύουσα καὶ τὰ φίλτατα δώσουσα hat Markland νυμφεύσουσα hergestellt. Öd. T. 297 ist οὑξελέγχων in οὑξελέγξων verbessert. Die Änderung unterliegt keinem Zweifel, mag sie von der ersten Hand oder dem Diorthotes herrühren. Mit den Worten πάντων δὲ πρῶτον τόνδε πρεσβεύσω τάφον

Cho. 486 begleitet Elektra ihre äußere Handlung, also ist
πρεσβεύω am Platze. Ebenso hat Davies Eum. 719 μαντεῖα
δ' οὐκέθ' ἁγνὰ μαντεύῃ νέμων für μαντεύσῃ geschrieben, wie
Sieb. 393 erst der Korrektor von M das richtige μαντεύεται
in μαντεύσεται geändert hat. Eum. 618 hat in μάντις ὢν οὐ
ψεύσομαι Weil ψεύδομαι hergestellt, Öd. K. 628 entspricht ψεύδουσι mehr dem Sinne als ψεύσουσι, wenn ψεύδουσι auch nur
in einer wenig verlässigen Handschrift steht. Iph. A. 493 ἧ τῶν
ἐμῶν ἕκατι θύεσθαι γάμων μέλλει ist θύσεσθαι, Trach. 756
μέλλοντι δ' αὐτῷ πολυθύτους τεύχειν σφαγάς ist τεύξειν, Öd.
K. 1774 μέλλω πράξειν für πράσσειν, Prom. 719 ψύξειν nach
μολεῖσθαι für ψύχειν herzustellen. Ag. 1354 φροιμιάζονται γὰρ
ὡς τυραννίδος σημεῖα πράσσοντες πόλει fordert der Sinn von
φροιμιάζονται das Fut. πράξοντες. Sieb. 634 geben jüngere
Handschr. das richtige λέγει für λέξει. Nachdem ebd. 438
Eteokles mit λέγ' ἄλλον ἄλλαις ἐν πύλαις εἰληχότα den Boten
aufgefordert hat einen weiteren Recken zu nennen, muß dieser
445 fortfahren mit λέγω, aber ohne den V. 444, den H. Wolf
als unecht erkannt hat. Vgl. Trach. 1129 λέγ'—λέγω, Phil. 590
ποιοῦ λέγων—λέγω. Phil. 1418 hat Dindorf erkannt, daß λέγω
für λέξω zu setzen ist. Das Fut. erweckt die Vorstellung, als
solle nachher eine Aufzählung folgen, während der Satz selbst
einen Hinweis auf die Schicksale des Herakles gibt. Eum. 617
liegt in λέξω πρὸς ὑμᾶς τόνδ' Ἀθηναίους μέγαν θεσμὸν δικαίως
ebenso ein Mißverständnis vor. Das Fut. λέξω steht, als ob
τόνδε ... θεσμόν das Objekt dazu wäre. Aber Apollon ist
von Orestes gebeten worden zu erklären, ob er den Mutter-
mord mit Recht oder nicht mit Recht vollbracht habe (εἰ δικαίως εἴτε μή 615), und der Gott erklärt dem Areopag gegenüber (ὑμᾶς, τόνδ' Ἀθηναίας μέγαν θεσμόν[1])) feierlich: „mit
Recht" (δικαίως 618). Die bei Homer beobachtete Neigung
den Aor. zu bevorzugen (vgl. z. B. Textkr. St. z. Il. S. 75),
ist auch hier wahrnehmbar. Iph. A. 462 hat Markland ἱκε-
τεύσειν für ἱκετεῦσαι gesetzt. Soph. Frg. 315 ἢ φῂς ὑπομνὺς

---

[1]) Diese Auffassung ist ein deutlicher Fingerzeig, daß die Grün-
dungsrede der Athena an unrichtiger Stelle steht.

Textkritische Studien zu den griechischen Tragikern. 17

ἀνθυπουργῆσαι χάριν; kann trotz der Erklärung ἀνταποδοῦναι nur ἀνθυπουργήσειν richtig sein. Jon 1130, wo die beiden Handschriften θύσας δὲ γενέταις θεοῖσιν ἦν μακρὸν χρόνον μένω geben, verlangt der Gedanke „wenn ich beim Opfern lange verweile" θύων. Hel. 507 hat Badham κρύψων (für κρύψας) ἐμαυτὸν εἶμι hergestellt. Hipp. 74 σοὶ τόνδε πλεκτὸν στέφανον ἐξ ἀκηράτου λειμῶνος, ὦ δέσποινα, κοσμήσας φέρω muß man den Aor. mit der Noterklärung „pflückte zum Schmucke" zu rechtfertigen suchen. Da Hippolyt erst 83 die Bildsäule der Göttin bekränzt, fordert der Gedanke κοσμήσων. Am Schluß der Hypothesis der Alk. liest man ἐκ συμφορᾶς μὲν ἀρχόμενα, εἰς εὐδαιμονίαν δὲ καὶ χαρὰν λήξαντα für λήγοντα. Alk. 36 hat bei ἐκλύσασ᾽ für ἐκλύουσ᾽ die schwankende Quantität von λύω mitgewirkt. Or. 994 (er warf den Myrtilos ins Meer) λευκοκύμοσιν πρὸς Γεραιστίαις ποντίων σάλων ᾖόσιν ἁρματεύσας verlangt der Sinn ἁρματεύων. Ebd. 750 geben jüngere Hdsch. ὁ τὰς ἀρίστας θυγατέρας σπείρων (für σπείρας) πατήρ, eine sehr gewählte Lesart. Phil. 1033 fordert der Gedanke ὁμοῦ πλέοντος für ἐμοῦ πλεύσαντος. Welche Bedeutung die Kenntnisnahme dieser unsicheren Überlieferung (Öd. K. 589 hat L ἀναγκάζουσι für ἀναγκάσουσι, ebd. 603 umgekehrt ἐξαναγκάσει für ἐξαναγκάζει) hat, kann Tro. 1315 μέλας γὰρ ὄσσε κατακαλύψει θάνατος ins Licht stellen. Schon H. Stephanus hat die Unbrauchbarkeit des Fut. erkannt und κατεκάλυψε dafür gesetzt, womit wenigstens der Buchstabe ψ gerettet wird. Wir werden das in einer geringen Handschrift stehende κατακαλύπτει ebenso für die ursprüngliche Lesart halten wie gleich nachher (1326) das von Burges geforderte ἐπικλύζει für ἐπικλύσει. Öd. K. 366 gibt L σημαίνουσ᾽ ἐλήλυθα für σημανοῦσ᾽, 837 πημαίνεις für πημανεῖς, Ant. 242 σημαίνων für σημανῶν. Dieser Fehler kehrt häufig wieder: es ist also unnötig darüber zu streiten, ob Ag. 26 die Lesart von M σημαίνω verbessert werden muß. Wie aber kann Phil. 1394 das solöke πείσειν δυνήσομεσθα beibehalten werden? Auch die Meinung, bei einer Änderung müsse πεῖσαι vorgezogen werden, geht irre.

Eine bedeutsame Rolle spielt schon in der Homerischen

Überlieferung das Zusammenwachsen zweier Lesarten (vgl. Stud. z. Il. S. 25 ff.). Wie *πιμπλάνεται* aus *οἰδάνεται* und *πίμπλαται*, so ist Prom. 484 *ναυτιλόχων* aus *ναυτίλων* und *ναυλόχων* geworden. Ebd. 738 erklärt sich *γύποδας* aus *γυῖα* und *πόδας*, 898 *κλεινοῖς* aus *κλεινὸς ἶνις*, 1090 *εὐτυχῇ* aus *εὐχή* und *τήχη*, Pers. 583 *ἐραδαιμόνι'* aus *οὐράνι'* und *δαιμόνι'*, 612 *ἐστείλατο* aus *ἔστειλα τέ(κνου)*, 722 *στρατηλάτοιν* aus *στρατευμάτοιν* und *στρατηλάταιν*, Sieb. 225 *ποταίνιον* aus *ποτίφατον* und *καινόν*, 682 *τελεῖ* (*τελεία* m) aus *μέλαιν'* und *τάλαιν'*, Cho. 318 *ἰσοτίμοιρον* aus *ἀντίμοιρον* und *ἰσόμοιρον*, 440 *κτεῖναι* aus *κτίσαι* und *θεῖναι*, 769 *ὀρθούσῃ φρενί* aus *ὀρθοῦται* und *γαθούσῃ φρενί*, 705 *δή' χθρῶν* aus *δηίων* und *ἐχθρῶν*, 813 *νύκτα πρό τ'* aus *νύκτ' ἀντ'* und *πρό*, 815 *πλοῦτον* aus *πολύν* und *ταῦν*, wie es scheint, Eum. 76 *βεβῶντ'* aus *περῶντ'* und *βεβῶτα*, 213 *ἠρκέσω* aus *ἤρκεσεν* und *ἠδέσω*, 525 *φάει* aus *φόβῳ* und *δέει*, 828 *δύσκηλον* aus *δύσκημον* und *χόλον*. *Παρειάδος* Hek. 274 hat schon Dindorf aus *παρηίδος* und *γενειάδος* abgeleitet. Man kann auch Pers. 562 *δ' ὁμόπτεροι* aus *Λινόπτεροι* und *ὁμόπτεροι*, Eum. 65 *δ' ἀποστατῶν* aus *διχοστατῶν* und *ἀποστατῶν*, 350 *δ' ἀπέχειν* aus *δίχ' ἔχειν* und *ἀπέχειν* hieher rechnen. Ebenso ist Öd. K. 151 *τέθ'* vor *ὡς* aus *τε* und *θ'* entstanden, 502 *δ' ἄνευ* aus *δίχα* und *ἄνευ*, 1083 *αὐτῶν δ' ἀγώνων* aus *αὐτῶν α* und *ἀγώνων*, d. i. *αὐτῶν ἄνωθεν* und *ἀγώνων*, dem Glossem zu *αὐτῶν*. Ant. 770 gibt L *κατακτανῆναι*, d. i. *κατακτανεῖν* und *κατακτεῖναι*. Die anderen Handschriften haben *κατακτεῖναι*, aber *κατακτανεῖν* erhält eine feine Bestätigung durch die Angabe Jebbs zu *ἐπικτανεῖν* Ant. 1030: „Die erste Hand in L hat unachtsam irgend ein anderes und längeres mit *ἐπι* beginnendes Wort geschrieben; *κτανεῖν* steht in einer Rasur, welche bis zu 4 oder 5 Buchstaben darüber hinausgeht." Dieses Wort war augenscheinlich *ἐπικτανῆναι*. Diese Zusammenstellung kann uns dazu dienen von der Dindorfschen Emendation zu Cho. 365 *πιμπλάντων* die Entstehung zu erklären und damit deren Berechtigung zu erweisen. Kein Wort paßt besser als *περαίνων*, *πιμπλάντων* aber ist aus *περαίνων* und *πιμπλάς* entstanden wie das obige *πιμπλάνεται* aus *οἰδάνεται* und *πίμπλαται*.

In Äsch. Hik. 480 ἄτης δ' ἄβυσσον πέλαγος ... τόδ' ἐσέβηκα hat man sich beeilt mit Spanheim ἐσβέβηκα zu schreiben. Den Grund der Korruptel legt uns ein minder geläufiges Wort nahe, das wir aus Hesych. εἰσέφρηκεν· εἰσεπήδησεν entnehmen: τόδ' εἰσέφρηκα. Einen schönen Fall derartiger Korruptel, den schon Schneidewin erkannt, aber niemand beachtet hat, liefert die Lesart von L Phil. 1322 εὔνοιάν σοι λέγων: wie in einer jungen Handschrift σοι über εὔνοιαν steht, so haben wir hier das gleiche Schwanken zwischen εὔσοιαν und εὔνοιαν, welches der Schol. zu O. K. 390 notiert, anzuerkennen und mit Schneidewin εὔ σοια ν λέγων herzustellen. Vgl. Andr. 383 ἀνάγκαιν ἤ, d. i. ἀνάγκαιν korr. in ἀνάγκη wie Aristot. Po. 1449a κρίνεται ἤ ναί s. v. a. κρίνεται korr. in κρῖναι.

Häufig schwanken die Handschriften zwischen δεῖ und χρή. Aber es verhält sich damit für die Textkritik ähnlich wie oben mit τόδε und τάδε. Da sich die Bedeutung der beiden Ausdrücke nahe berührt, wird man sich, wenn keine Variante vorliegt, einfach dem überlieferten Text anzuschließen haben. Doch gibt es einzelne Ausnahmen. Wenn man den Unterschied zwischen (dem mehr poetischen) χρή und δεῖ angibt, etwa mit „es ist durch äußere Verhältnisse bestimmt, es muß so sein, so kommen" und „es ist Schuldigkeit, es ist Pflicht", und wenn χρή mehr objektives, δεῖ subjektives Gepräge hat, so wird man z. B. Hel. 1091 ἢ γὰρ θανεῖν δεῖ μ', ἢν ἁλῶ τεχνωμένη, ἢ πατρίδα τ' ἐλθεῖν κτἑ. mit δεῖ nicht zufrieden sein, sondern χρή verlangen. Das gleiche gilt für Kykl. 201 εἰ θανεῖν δεῖ, während man ebd. 531 οὐ χρή μ' ἀδελφοῖς τοῦδε προσδοῦναι ποτοῦ eher δεῖ erwarten möchte. Ebenso entspricht dem Sinne von Or. 652 ἀπέδοτο, ὡς χρὴ τοῖς φίλοισι τοὺς φίλους eher δεῖ, ebenso 666 ἐν τοῖς κακοῖς χρὴ τοῖς φίλοισιν ὠφελεῖν, und wenn es hier δεῖ heißt, wird man um so lieber im folgenden Vers mit A und L χρή schreiben, während B und Zitate δεῖ bieten. In Adesp. 583 S. 955 N. ἃ δεῖ γενέσθαι, ταῦτα καὶ γενήσεται hat bereits Francken χρή verlangt. Ebd. 564 ἐφ' οἷς δ' ἀπειλεῖς, ὡς πετρωθῆναί με δεῖ steht δεῖ in L und B, wie es scheint mit Recht, während 684 καὶ νρὴ γὰρ οὕτω τῶν ὁμαιμόνων κακὰ ξυνεκκομίζειν dem Sinne δεῖ angemessener erscheint. Ebd. 672 hat A γρ. χρή neben δεῖ, mit ταλαιπωρεῖν με δεῖ gibt Orestes seine Pflicht zu erkennen. — Häufig ist auch die Vertauschung von χρή und χρῆν. Eur. Fragm. 44 sagt A zu B: οἶδ'· ἀλλὰ κάμπτειν τῷ χρόνῳ λύπας χρεών. B erwidert: χρῆν· τοῦτο δ' εἰπεῖν ῥᾷον ἢ φέρειν κακά. B wiederholt χρεών, also muß er χρή sagen.

Über die häufige Verwechslung von μετά und κατά vgl. Studien zur Odyssee S. 58, Über Zenodot und Aristarch S. 52 ff. Soph. El. 1168 ist in L μετεῖχον aus κατεῖχον gemacht. Sieb. 79 hat Dindorf καθεῖται für μεθεῖται, Cho. 657 Musgrave καθιέναι für μεθιέναι, Hel. 1396 Naber καθεῖναι für μεθεῖναι, Ag. 947 Zakas μετέστραμμαι für κατέστραμμαι, Cho. 814 Emperius μεθ' ἡμέραν für καθ' ἡμέραν, 1074 Franz κατακοιμισθέν für μετακοιμισθέν, Eum. 493 Meineke μεταστροφαί für καταστροφαί verlangt. Schreibt man Cho. 1074 κατακοιμισθέν, so wird μεταλήξει für das unmittelbar vorhergehende καταλήξει zu setzen sein, wie Eur. Fragm. 554 L. Sybel μεταστάσεις vor μεταβολάς in καταστάσεις verbessert hat. Phoen. 1006 erwartet man τὸν κατ' ἄστρα Ζῆνα für μετ' ἄστρων, wie es Trach. 1106 τοῦ κατ' ἄστρα Ζηνός heißt. Iph. A. 410 erhält man mit Ἑλλὰς δὲ σὺν σοὶ κατὰ θεόν (θεῶν Porson) νοσεῖ τινα keinen passenden Sinn. Nach σὺν σοί konnte das gebräuchliche σὺν θεῶν τινι nicht stehen. Dafür ist μετὰ θεῶν ... τινος eingetreten (unter Mitwirkung eines Gottes). Adesp. 516 S. 940 N. ist μελέτη χρονισθεῖσ' εἰς φύσιν μεθίσταται genauer und stilgerechter als καθίσταται. Nunmehr läßt sich auch Jon 83 in ἅρματα μὲν τάδε λαμπρὰ τεθρίππων Ἥλιος ἤδη κάμπτει κατὰ γῆν das dem Sinn entsprechende μετὰ γῆν herstellen: „Helios biegt um die Nyssa seiner Bahn nach der Erde hin." Öd. K. 23 erwartet man für ὅποι καθέσταμεν entweder ὅποι μεθέσταμεν oder ὅπου καθέσταμεν.

Oft ist zur Unterstützung der Aussprache — anders kann man Öd. T. 439 ἄγαντ' wohl nicht auffassen — ein τ' oder γ' oder auch δ' eingefügt worden. Vgl. A. Soph. em. p. 27.[1])

---

[1]) Jebb zu Ö. K. 51 gibt diese Manier dem Schreiber der Hand-

Sogar das Versmaß ist in Öd. K. 51 ἄτιμος γ' ἔκ γ' ἐμοῦ durch das erste γ' verdorben worden. Ebd. 52 ist τίς δ' für τίς unrichtig, weil die Frage angemeldet ist. Ebd. 45 hatte der Schol. ὡς für ὥστ', wie seine Erklärung mit γάρ zeigt. Ebd. 977 πῶς γ' ἂν τό γ' ἄκον πρᾶγμ' ἂν εἰκότως ψέγοις spricht schon das doppelte γ' gegen πῶς γ' ἄν. Der gleiche Grund verurteilt Trach. 444 κἀμοῦ γε. πῶς δ' οὐ χἀτέρας οἵας γ' ἐμοῦ das zweite γ': wozu bedarf es in οἵας ἐμοῦ der Partikel γέ. Ebenso ist Trach. 991 σκεδάσαι τῷδ' ἀπὸ κρατὸς βλεφάρων θ' ὕπνον, 1091 ὑμεῖς δὲ κεῖνοι, d. i. δ' ἐκεῖνοι die Konjunktion merklich überflüssig, wie jüngere Handschriften ὑμεῖς ἐκεῖνοι bieten. Immer noch wird Ö. K. 260 τάς τ' in τάς γ' korrigiert. Auch ebd. 1750 ἐλπίδων γὰρ ἔς τιν' (so ist für ἐς τίν' zu schreiben, Antigone denkt an ihre Brüder, 1771) ἔτι με δαίμων τὰ νῦν γ' ἐλαύνει steht γὲ zwecklos. El. 1010 πανωλέθρους τὸ πᾶν ἡμᾶς τ' ὀλέσθαι κἀξερημῶσαι γένος stört τέ, da τὸ πᾶν zu ὀλέσθαι gehört. Ebenso ist ebd. 28 mit anderen Handschriften das τ', welches L nach ἡμᾶς auf einer Rasur (von γ'?) bietet, wegzulassen. Phil. 600 hat Heath ὅν τ' in ὅν γ' verwandelt: γέ ist überflüssig. Ebd. 1215 πῶς ἂν εἰσίδοιμί σ' ἄθλιός γ' ἀνήρ, ὅς γε κτέ. fehlt das erste γὲ in einer geringen Handschrift und steht zwecklos. — Das gleiche ist von τ' oder γ' zu sagen in Ai. 1070 λόγων τ' (λόγων A), 1127 δεινόν τ', Hipp. 412 κακοῖς γ' (γ' in A, fehlt in L), Öd. T. 771 κοὐ μὴ στερηθῇς γ' oder in der Redensart καίτοι τοσοῦτόν γ' οἶδα ebd. 1455, El. 332, Ai. 441. An der letzten Stelle fehlt γὲ in einigen jüngeren Handschriften. — An verschiedenen Stellen ist ἄγαν γ' an die Stelle von ἄγαν getreten, z. B. Ag. 1240, Alk. 809 (in L). Eum. 121 fehlt es in M, Ai. 951 in L: sofort haben andere Handschriften ἄγαν γ' oder ἄγαν δ' geschrieben. Mit Recht hat Dindorf Ant. 673 πόλεις für ˜όλις θ' (τ') geschrieben: an πόλεις τ' ... ἠδ' darf nicht gedacht werden. Ebd. 782 ist ὅστ' nicht etwa in ὅτ' zu verwandeln, sondern mit jüngeren Handschriften ὅς zu schreiben. Hipp. 1250 ἀτὰρ

---

schrift schuld, aber z. B. ebd. 78 haben alle Handschriften τοῖς δ' für τοῖς und Phil. 1000 hat in L die erste Hand γ' nach ἕως radiert.

τοσοῦτον οὐ δυνήσομαί ποτε fehlt γ' nach τοσοῦτον in LB und ist wegzulassen. Überhaupt war die Einfügung von γέ oder τέ oder δέ bei den alten wie bei den modernen Kritikern ein beliebtes Auskunftsmittel. Alle drei Partikeln bieten die Handschriften Med. 512 εἰ φεύξομαί τε (a B, δὲ LP, γε C) γαῖαν ἐκβεβλημένη. Begreiflicherweise mußte φευξόμεσθα dem Singular ἐκβεβλημένη weichen.

Gewöhnliche, sehr geläufige Wörter wie ἄνθρωπος, κακόν, οἶκος, χρόνος, τύχη lagen einem Abschreiber oder Grammatiker nahe und kamen beim Schreiben oder Lesen leicht in die Feder. So hat Ag. 1162 Karsten ἂν ἀίων für ἀνθρώπων, Sieb. 927 Weil ἴσος für κακός, Ag. 1562 Schütz θρόνῳ für χρόνῳ (ebenso Eum. 18, Hik. 379, auch Eum. 966), Ag. 1229 Burges τέχνῃ für τύχῃ, Cho. 138 M. Rottmanner τάχει für τύχῃ hergestellt, Ag. 952 verlangt der Sinn ὄλβος für οἶκος usf. Ein sprechendes Beispiel findet sich ebd. 1482 ἦ μέγαν οἴκοις τοῖσδε (= ὡς μὲν ἀναίτιος εἶ 1506) δαίμονα καὶ βαρύμηνιν αἰνεῖς, φεῦ φεῦ, κακὸν αἶνον ἀτηρᾶς τύχας ἀκορέστου. Wie αἰνεῖς zeigt, wird der Inhalt des Vorausgehenden, wo die forterbende Mordlust mit einer Wassersucht verglichen wird: ἐκ τοῦ γὰρ ἔρως αἱματολοιχὸς νείρᾳ τρέφεται, πρὶν καταλῆξαι τὸ παλαιὸν ἄχος νέος ἰχώρ, wiedergegeben. Daraus, aus νείρᾳ τρέφεται, erhält man ἔγκασι für οἴκοις (ἔγκασι τὸν δαίμονα) und τροφᾶς für τύχας. Denn τροφᾶς ἀκορέστου bezeichnet die nicht zu sättigende Ernährung der Mordlust (ἀτηρᾶς).

# I. Zu Äschylos.

In der ersten Gestalt, in welcher die sieben Stücke aus einer Unzialhandschrift entnommen wurden, tritt uns der Text des cod. Mediceus (M) in den Hiketides entgegen. Vgl. ἀρόεντ' für ἀρθέντ', ἔο ἐν für ἔθεν, κέασαι für κέλσαι, δεσμὸν für δ' ἐσμὸν, δὲ ἀπϊδὼν für δ' ἐλπίδων, λέγων für δ' ἐγώ, αἴνοισιν ἦ für λινοσινεῖ, ἠδιώκτυπον für ἠλιόκτυπον, ταιον für γάιον, ἴκετε für ἥκετε usf. In zweiter Gestalt liegt uns der Text im cod. Med. in den übrigen Stücken vor; in dritter Gestalt endlich stellt sich der Text in der byzantinischen Trias

(Prom., Sieb. g. Th., Perser) auf Grund der Tätigkeit byzantinischer Grammatiker und in der Rezension des Triklinios dar. Man darf nicht glauben, daß die Byzantiner eine ältere Quelle als den Text des Med. zur Verfügung hatten. Verbesserungen wie Prom. 20 πάγῳ statt τόπῳ, 164 ἀγρίως—ἀγρίοις, 201 ἀπαράμυθον—οὐ παράμυνθον, 205 ῥαισθῇ—ῥωσθῇ (ω in litura), 421 ἐνδείκνυσιν—ἐνδεικνύειν, 448 βυθός—βαθύς, 521 πάντα—ταῦτα, 535 πλήν—πρίν, 732 βάλ'—μάθ', 736 ναίουσ'—νέουσ', 965 δ' ἄν—δαί, Sieb. 369 θείνει—θένει, 788 πρᾶγος—πρᾶγμα, Pers. 81 ἰσόθεον—ἰσόθεος, 221 τέκνῳ—τέκνοις, 223 πρευμενῇ—πρευμενῶς, 347 λειφθῆναι—ληφθῆναι, 1061 ἔρεικε—ἔρειδε sind keine Änderungen, welche der Einsicht byzantinischer Grammatiker fernlagen. Das erkennt man am besten aus den jungen Handschriften des Euripides, selbst aus den Pariser Abschriften. Wenn man ἀπαράμυνθον für bedeutender ansieht, so vergleiche man damit das fehlerhafte ἀθεμίστως, welches sich Cho. 642 für οὐ θεμιστῶς im Med. findet. Sieb. 240 erwidert Eteokles auf das Flehen des Chors θεοὶ πολῖται, μή με δουλείας τυχεῖν bitter: αὐτὴ σὺ δουλοῖς κἀμὲ καὶ πᾶσαν πόλιν. Manchem Herausgeber hat die Lesart einer jüngeren Handschrift αὐτὴ σὺ δουλοῖς κἀμὲ καὶ σὲ καὶ πόλιν Eindruck gemacht, besonders in Erinnerung an Soph. Ö. T. 64 ἡ δ' ἐμὴ ψυχὴ πόλιν τε κἀμὲ καὶ σ' ὁμοῦ στένει. Wie Wunderlich gesehen hat, fordert αὐτὴ σὺ zunächst καὶ σέ und so muß der Vers lauten: αὐτὴ σὺ δουλοῖς καὶ σὲ καὶ πᾶσαν πόλιν. So ist schon manches Licht anderer Handschriften zum Irrlichte geworden. Vor allem ist der Vers nach Sieb. 177 τοιαῦτα τἂν γυναιξὶ συνναίων ἔχοις, welcher im Med. fehlt, Fabrikat eines Grammatikers, welcher nicht bemerkte, daß 182 f. nach 177 einzusetzen sind und daß der Satz μέλει γὰρ ἀνδρί nicht das Vorhergehende, sondern das Folgende begründet. Das Glossem τοῖς ὀρείοις, welches der Med. Prom. 582 über πετρίνοισι hat, steht in den anderen Handschriften im Text. Sieb. 934 hat der Med. πόνοισί γε δόμους nach πόνοισι γενεάν, d. i. ursprünglich πόνοισί γε δόμους νεάν, die jüngeren geben das Glossem πόνοισί γε δόμους statt der Textworte πόνοισι γενεάν. Ebenso steht 988 f. die Erklärung πρὸ πάντων δ' ἐμοί über καὶ τὸ πρόσω γ' ἐμοί im Text aller Handschriften. G. C. Haupt hat das Glossem getilgt.

In den Partien des Ag., welche im Med. fehlen, ist der Flor. maßgebend, und zwar abgesehen von 348, wo aus dem Marc. 468 ἀπαλλαχϑέντες für ἀπαλλαγέντες zu entnehmen ist, der Flor. allein. Der Farnesianus entbehrt jeder selbständigen Bedeutung. Vers 1009, wo der Schreibfehler des Flor. ἐπ' αὐλαβεία (für ἐπ' εὐλαβείᾳ) im Farn. in ἐπ' ἀβλαβείᾳ γε korrigiert ist, kennzeichnet hinreichend das Verfahren des Triklinios. Bemerkenswert ist eine vom Med. abweichende Lesart des Flor., die auch Triklinios aufgenommen hat. Eum. 661 nämlich gibt der Med. οὐκ ἔστι μήτηρ ἡ κεκλημένον τέκνον τοκεύς, d. h. das Kind heißt zwar τέκνον, die Mutter ist aber doch nicht τοκεύς, τίκτει δ' ὁ θρῴσκων. Was soll dagegen μήτηρ ἡ κεκλημένη bedeuten? Μήτηρ heißt sie und ist sie. Das Verhältnis des Flor. zum Med. und der jüngeren Handschriften zum Flor. charakterisiert am besten die Lesart des Med. Eum. 453 καθαιμάξουσιν οθηλοῦ βοτοῦ: im Flor. ist daraus καθαιμάξουσιν ὀθνείου βροτοῦ gemacht und so gibt auch der Farnes. und der cod. Marc. 616. Das ursprüngliche καθαιμάξωσι νεοθήλου βοτοῦ hat Turnebus gefunden.

Prom. 166 wollen manche mit Elmsley ἐγεγήθει für ἐπεγήθει schreiben; aber für Schadenfreude ist ἐπιγηθέω wie ἐπιχαίρω das bezeichnende Wort. Nur ersieht man aus γαθούσῃ φρενί Cho. 768, daß ἐπεγάθει zu schreiben ist. Diese Form wird gerade für den Prometheus indirekt bestätigt durch 786 ὡς τοίνυν ὄντων τῶνδε μαθεῖν σοι πάρα. Da hier der Ausdruck der Freude erforderlich ist (ἤδοι' ἄν, οἶμαι, τήνδ' ἰδοῦσα συμφοράν 784), ergibt sich aus μαθεῖν σοι einfach γαθῆσαι. — Prom. 174 θέμενος ἄγναμπτον νόον stimmt mit dem antistrophischen Vers δέδια γὰρ ἀμφὶ σαῖς τύχαις nicht überein. Deshalb ist anzunehmen, daß uns in Hesych. ἀκανθόν· ἄγναμπτον das ursprüngliche Wort erhalten ist. Dies kann nur ἀκάμπετον sein. Ebenso hat Wieseler Eum. 529 ἀνάρχετον für ἄναρκτον (Triklinios ἀνάρκετον) hergestellt. Vgl. ἀπεύχετος, ἀμάχετος. — In Prom. 699 ἐπηνάγκαζέ νιν Διὸς χαλινὸς πρὸς βίαν πράσσειν τάδε ist τάδε überflüssig, dagegen φρενῶν eigentlich nötig. Vgl. βίᾳ φρενῶν Cho. 79, βίᾳ καρδίας Hik. 806. — Prom. 704 muß in dem überlieferten Λέρνης ἄκρην τε etwas Besonderes, nicht das einfache, von Canter vorgeschlagene Λέρνης τε κρήνην enthalten sein. Zunächst weist ἄκρην τε auf κρήνην τε, also auf κρήνην τε Λέρνης hin. Das α von ἄκρην aber führt auf Λέρνης τε νᾶμα, wie es Phoen. 126 heißt. Also haben wir auch hier die Verbindung zweier Lesarten, von denen die erstere die ursprüngliche sein dürfte.

Pers. 52 Μάρδων Θάρυβις λόγχης ἄκμονες läßt sich der eigentümliche Ausdruck vielleicht rechtfertigen, wenn man auch eher mit Pauw λόγχης, d. i. λόγχαις erwarten sollte, nahe aber liegt λόγχης αἵμονε nach dem Homerischen αἵμονα θήρης. — Von ταῦτά μοι διπλῆ μέριμνα φραστός ἐστιν ἐν φρεσί Pers. 168 hängen zwei Infinitive mit μήτε ab: bei dem einen wird eine Tatsache verneint *(λάμπειν)*, bei dem anderen wird eine Handlung *(σέβειν)* abgewehrt. Deshalb erwartet man das eine Mal οὔτε *(ἀχρημάτοισι λάμπειν φῶς)*, das andere Mal μήτε *(χρημάτων ἀνάνδρων πλῆθος ... σέβειν)*. Daß der Gedanke die Umstellung der Verse erfordert, hat A. Ludwig erkannt. — Pers. 232 πάντα θήσομεν θεοῖσι τοῖς τ' ἔνερθε γῆς φίλ: das compendium in M bedeutet φίλοις, der Sinn aber verlangt φίλα, mag nun an dem Fehler das compendium oder das vorhergehende τοῖς ἔνερθε γῆς schuld sein. — Pers. 578 τεῖνε δὲ δυσβάυκτον βοᾶτιν τάλαιναν αὐδάν: für βοᾶτιν ist wohl γοᾶτιν zu schreiben, welche Form sich bei Apoll. Rh. findet. — Der Schluß zu μονάδα δὲ Ξέρξην ἔρημον φασὶν οὐ πολλῶν μέτα Pers. 736 folgt nachher mit ἄσμενον μολεῖν γέφυραν: diesen Schluß verlangt Darius zu erfahren mit πῶς τε δὴ καὶ ποῖ τελευτᾶν, worin τελευτᾶν durch irrige Beziehung entstanden ist. Dem vorausgehenden φασίν entsprechend muß es τελευτῶσ' heißen.

Sieb. 486 ἐπεύχομαι [Διῒ] τάδε μὲν εὐτυχεῖν, ἰὼ = 508 πέποιθα τὸν ⟨τὸ⟩ Διὸς ἀντίτυπον ἔχοντ'. Auch Phön. 572 ist Διί zu δή geworden. — In Sieb. 571 μητρός τε πληγὴν[1]) τίς κατα-

---

[1]) Unbegreiflicherweise wird μητρὸς πηγή wieder in Schutz genommen!

σβέσει δίκη πατρίς τε γαῖα σῆς ὑπὸ σπουδῆς δορὶ ἁλοῦσα πῶς σοι ξύμμαχος γενήσεται; paßt, wie vorher δίκη zu erkennen gibt, ξύμμαχος nicht für den Gedanken. Dieser verlangt ξύνδικος. Vgl. Eur. Med. 158 Ζεύς σοι τάδε συνδικήσει. Die gleiche Änderung ξύνδικον für ξύμμαχον entspricht Hik. 400 dem Gedanken; denn es handelt sich nicht um Kampf, sondern um eine gerichtliche Entscheidung *(οὐκ εὔκριτον τὸ κρῖμα)*. Der König soll sich Dike zur Sachwalterin nehmen. Sieb. 828 μέριμνα δ' ἀμφὶ πτόλιν: ἀμφί mit Akk. hat bei Äschylos, wie auch sonst gewöhnlich, lokale Bedeutung; in kausaler Bedeutung steht der Dativ: es wird also auch hier πτόλει zu setzen sein. — Sieb. 898 ist, wie ich im Philol. dargetan habe, τάφων πετραίων (für πατρῴων) λαχαί zu schreiben. — In Hik. 611 schreibt man gewöhnlich mit Robortelli ἔνισπε δ' ἡμῖν. Aber aus der Schreibweise des Med. ἐνόσπερ ist die richtige Form ἐνίσπες zu entnehmen, δ' ist überflüssig. — Hik. 706 scheint sich aus φυλάσσοι τ' ἀτιμίας τιμὰς τὸ δήμιον am einfachsten φυλάσσοι τιμίοισι τιμὰς τὸ δήμιον zu ergeben. — Hik. 745 πολυδρόμου φυγᾶς wird das dem Sinn entsprechende τηλεδρόμου durch die Responsion unterstützt. — Hik. 826 scheint wie Pers. 826 διέμενοι für διόμενοι die richtige Form zu sein, vgl. Textkrit. Stud. z. Il. S. 24. — In Hik. 1054 φυγάδεσσιν δ' ἐπιπνοίᾳ κακά τ' ἄλγη πολέμους θ' αἱματόεντας προφοβοῦμαι kann ἐπιπνοίᾳ nicht richtig sein: 17 ἐξ ἐπαφῆς κἀξ ἐπιπνοίας Διός, ebenso 44, 585 θείαις ἐπιπνοίαις läßt sich ἐπίπνοια vom Anhauchen des Zeus verstehen; davon aber ist in unserer Stelle keine Rede. Der Gedanke ist: „in meiner Einsicht fürchte ich für die Flüchtlinge schlimmen Krieg voraus", es muß also ἐπινοίᾳ heißen. Vgl. Sieb. 389 τάχ' ἂν γένοιτο μάντις ἐννοίᾳ τινί (nach der Emendation von Blomfield).

Ag. 816 gibt die Form ἀσπιδηστρόφος eine Verbindung von ἀσπιδοστρόφος (Triklinios) und ἀσπιδηφόρος (Blomfield), gehört also zu den S. 18 aufgeführten Fällen. — Wie man den Gen. τούπων Ag. 941 erklären will, wenn man nicht mit Emperius τοὐμὸν μὲν οὕτω schreibt, ist nicht abzusehen. — In dem stark mitgenommenen Vers Ag. 1171 ἐγὼ δὲ θερμόνους τάχ' ἐμπέδῳ βαλῶ habe ich schon θερμόνους in θρόμβους verbessert. Dieses θρόμβους zieht αἵματος nach sich: ἐγὼ δὲ θρόμβους αἵματος πέδοι βαλῶ, vgl. θρόμβῳ αἵματος Cho. 544, πεσόντος αἵματος πέδοι Cho. 47. — Ag. 1430 hat der Flor. ἀντίετον (M fehlt): das strophische ἀπέδικέ σ' fordert ἀνάτιτον („zur Vergeltung").

Cho. 81 kann man für ματαίοισι δεσποτᾶν τύχαις nach Hik. 93 μελαίνᾳ ξὺν τύχᾳ vermuten: μελαίναισι ... τύχαις. — Die vielbehandelte Stelle Cho. 200 ff. dürfte endlich durch vereinte Arbeit in Ordnung gebracht sein: 204 καὶ μὴν στίβοι γε, δεύτερον τεκμήριον, (208) πτέρναις τενόντων θ' ὑπογραφαῖς μετρούμενοι, (209) ἐς ταὐτὸ συμβαίνουσι τοῖς ἐμοῖς στίβοις, 210, 206 f., 200—203 (205 hat Eichstädt getilgt, 200—203 hat Weil an den Schluß, 206 f. hat Kirchhoff nach 210 gestellt). So folgt εὖχον τὰ λοιπά auf das Flehen 200—203. — In Cho. 375 τῶν μὲν ἀρωγοὶ κατὰ γῆς ἤδη dient ἤδη nicht zur Ermutigung; wenn es wie Phil. 835 aus εὕδει verdorben ist, so gibt τῶν μὲν ἀρωγὸς κατὰ γῆς εὕδει die gleiche Vorstellung wie 493 ἆρ' ἐξεγείρῃ τοῖσδ' ὀνείδεσιν, πάτερ; Im folgenden hat Bamberger στυγερῶν τούτῳ, d. i. τῷ ἀρωγῷ, Ἀγαμέμνονι, Pearson γεγένηνται verbessert, so daß der Sinn in Ordnung erscheint. — In Cho. 542 οὖφις επᾶσα σπαργανηπλείζετο hat man nach Konjekturen von Porson, Klausen und Metzger den erforderlichen Gedanken mit οὖφις ἐπ' ἁμὰ σπάργαν' ἠλελίζετο („sich ringelte") gewonnen. Nun aber hat Cobet ἐλελίζω verworfen und auf ἑλίσσω zurückgeführt, wie es bei Homer X 95 heißt: σμερδαλέον δὲ δέδορκε ἑλισσόμενος περὶ χειῇ. Vgl. δράκων ἑλικτός Trach. 12. Hiernach wird man an unserer Stelle οὖφις ἐπ' ἁμοῖς σπαργάνοις εἰλίσσετο zu schreiben haben. Vgl. Hymnus auf Apollon 361. — Zu Cho. 629 κακῶν δὲ πρεσβεύεται τὸ Λήμνιον· λόγῳ γοᾶται δὲ δὴ ποθει (mit ι über ει) κατάπτυστον kann man nur eine bloße Vermutung äußern: λόγῳ γοατᾷ διήλυθεν κατάπτυστον, d. i. „in klagender Rede hat es sich verbreitet verabscheut", „ist es zum sprichwörtlichen Ausdruck des Abscheus geworden". Vgl. διῆλθε Phil. 256. — Cho. 621 muß nicht bloß, wie Preuß gesehen hat, die dritte

Strophe nach der Antistrophe stehen, sondern auch die vierte
Strophe hat ihren richtigen Platz nach der Antistrophe; denn das Racheschwert muß erst geschmiedet sein,
bevor es im schuldbeladenen Hause in Wirksamkeit treten
kann.[1]) — Cho. 709 ὀπισθόπους δὲ τούσδε καὶ ξυνεμπόρους
hat Pauw in ὀπισθόπουν τε (τε für δὲ Bamberger) τόνδε καὶ
ξυνέμπορον verbessert. Schuld an dem Fehler trägt die Endung
ουν. Daß Orestes keinen Diener bei sich hat, sagt er ausdrücklich 671 στείχοντα δ' αὐτόφορτον οἰκείᾳ σαγῇ. Cho. 905 f.
hat Berlage als unecht erklärt, weil der Gedanke von 893 f.
wiederholt wird. Damit wird die kleine Partie des κωφὸν
πρόσωπον Pylades überhaupt verdächtig. Ungewöhnlich
rasch muß sich der Diener in die Rolle des Pylades verwandeln.
Einen Anstoß erregt auch 902 κρίνω σε νικᾶν καὶ παραινεῖς
μοι καλῶς durch die Härte im 5. Fuß. — Cho. 991 φίλον τέως,
νῦν δ' ἐχθρόν, ὡς φαίνει κακόν wird deutlicher, wenn es πάθος
(ihr Tod) für κακόν geheißen hat. Vgl. oben S. 22.

Eumen. 108 kann man sich unter νυκτίσεμνα δεῖπν' ἐπ'
ἐσχάρᾳ πυρός schwer etwas vorstellen. Eher unter ἐσχάρᾳ
πυρᾶς. Vgl. Soph. El. 900, wo ich ἐσχάρᾳ πυρᾶς geschrieben
habe für ἐσχάτης πυρᾶς, welcher Gen. keine Erklärung gestattet, und unten zu Soph. El. 1139. — Eum. 231 δίκας
μέτειμι τόνδε φῶτα κἀκκυνηγέτης: bisher beruhigte man sich
bei der Besserung von Erfurdt κἀκκυνηγετῶ. Die Ἰχνευταί des
Sophokles haben uns die Form κἀκκυνηγέσω zugebracht. Vgl.
„Die Homerischen Hymnen" usw. S. 57. — Wenn Eum. 355
δωμάτων γὰρ εἱλόμαν nicht bloß dem Inhalte, sondern auch
der Form nach zum Ephymnion gehörte, müßte nach 354 der
dem antistrophischen Vers 368 entsprechende Vers ausgefallen
sein, ohne daß die Spur einer Lücke vorliegt. Aber δωμάτων
γὰρ εἱλόμαν hat nicht den erforderlichen Rhythmus wie ἐπὶ δὲ
τῷ τεθυμένῳ, ἀνατροπὰς ὅταν Ἄρης, μάλα γὰρ οὖν ἁλομένα.

---

[1]) Das beachtet A. Süßkand, Philol. Wchschr. 1921 S. 616 ff. nicht,
dessen „Weckruf zur Rückkehr zur Überlieferung" mit der Responsion
beginnt: πολλὰ μὲν γᾶ τρέφει δεινὰ καὶ δειμάτων ἄχη = ἀλλ' ὑπέρτολμον
ἀνδρὸς φρόνημα τίς λέγοι;

Dieser Rhythmus paßt für den wilden Tanz, welcher das Ephymnion auszeichnet. Daß bei den Ephymnien des Äschylos Form und Inhalt sich nicht immer decken, hat schon Aristophanes in den Fröschen gerügt. — In Eum. 451 ἄφθογγον εἶναι τὸν παλαμναῖον νόμος, ἔστ' ἂν πρὸς ἀνδρὸς αἵματος καθαρσίου σφαγαὶ καθαιμάξωσι νεοθήλου βοτοῦ befremdet πρὸς ἀνδρός. Aus Fragment 327 πρὶν ἂν παλαγμοῖς αἵματος χοιροκτόνου αὐτός σε χράνῃ Ζεὺς καταστάξας χεροῖν lernen wir παλαγμός für πρὸς ἀνδρός kennen und so erhalten wir: ἔστ' ἂν παλαγμὸς αἵματος καθαρσίου σφαγαῖς καθαιμάξῃ σφε νεοθήλου βοτοῦ. — Über εὐπέμπελος Eum. 479 s. „Mißverständnisse älterer Wendungen und Ausdrücke" S. 28 f. Die Form, die eigentlich εὐπέμφελος lauten sollte, wird geschützt durch die Emendation von Bergk zu Anakr. Frg. 15 οὐδ' εὐπέμπελος (statt οὐ δεῦτε ἔμπεδος), mag nun irrige Etymologie oder dialektische Verschiedenheit die Form geschaffen haben. — Eum. 425 scheint in τῆς σφαγῆς (Scaliger φυγῆς) τῆς ἄλης und τῆς φυγῆς verbunden zu sein. Vgl. oben S. 18. — Eum. 621 οὐπώποτ' εἶπον μαντικοῖσιν ἐν θρόνοις ... ὃ μὴ κελεύσει Ζεύς: Porson hat 'κέλευσε, Hermann κελεῦσαι verlangt; der Sprachgebrauch, nach welchem ὡς ἐκέλευε gesagt wird (Textkrit. St. z. Od. S. 80, z. ll. S. 71 f.), führt auf κελεύοι. — Eum. 754 βαλοῦσά τ' οἶκον ψῆφος ὤρθωσεν μία, worin man παροῦσα, βληθεῖσα, πάλλουσα, πεσοῦσα, μολοῦσα vermutet hat, wird vom Schol. richtig erklärt: ἡ ψῆφος δὲ βαλεῖν τε καὶ ὀρθῶσαι οἶκον δύναται. Dieser Sinn aber verlangt βαλοῦσ' ἄν („eine einzige Stimme, die gegebenenfalls das Haus stürzt, richtet es auf"). Eum. 954 heißt es von den Erinyen: περί τ' ἀνθρώπων φανερῶς τελέως διαπράσσουσιν. Casaubonus hat mit Recht φανερῶν verlangt, welches in Gegensatz zu τοῖς ὑπὸ γαῖαν steht und s. v. a. τῶν ἐν φάει bedeutet; τελέως muß das Objekt zu διαπράσσουσιν enthalten, also τὸ λάχος nach 310 λέξαι τε λάχη τὰ κατ' ἀνθρώπους ὡς ἐπινωμᾷ στάσις ἁμά. — Eum. 988 ist ἄρος geeigneter als ἄκος (ἄρος s. v. a. ὄφελος, vgl. ὄνησιν Ag. 362).

In Äsch. Fragm. 44, 4 würde Nauck wohl nicht die unglückliche Konjektur von Heath ἔδευσε für ἔκυσε (schwängerte, vgl. Eur. Frg. 106 γέμουσαν κύματος θεοσπόρου, 207 κύουσα τίκτω) in den Text gesetzt haben, wenn er daran gedacht hätte, daß Äschylos den Mythus vom Ἱερὸς γάμος Hom. Ξ 346 ff. man möchte sagen in der Weise eines Euemeros umdeutet. Vgl. dazu Eur. Frg. 898. — Ebd. 71 kann man πίτυλον ἕξουσι γόων vermuten für τρόπον ἕξουσι γόων. Vgl. δακρύων ἔσται πίτυλος Hipp. 1464. — Ebd. 158 ist πᾶν δ' ἐρέχθει πέδον aus πᾶν δ' ὀρεχθέει πέδον entstanden. Vgl. Aristias Frg. 6 μυκαῖσι δ' ὠρέχθει τὸ λάινον πέδον. — Ebd. 304, 1 τοῦτον δ' ἐπόπτην ἔποπα τῶν αὐτοῦ κακῶν versteht man κακῶν nicht. Es ist von der Verwandlung der Farbe der Flügel des Wiedehopfs die Rede. Also erwartet man πτερῶν für κακῶν.

## II. Zu Sophokles.

Die handschriftliche Überlieferung des Sophokles stammt aus einer Handschrift, in welcher der Vers ζῆν τοῦτον, ἀλλ' ἔμψυχον ἡγοῦμαι νεκρόν Ant. 1167 fehlte. Denn dieser ist uns nur aus Athen. VII 280 C und Eustath. 957, 17 bekannt geworden. Eustathios bemerkt, daß τὰ ἀκριβῆ ἀντίγραφα den Vers haben. Das Fehlen eines Wortes wie ἄριστος ist im Scholion zu Ai. 636 angemerkt.[1]) Die Lücke in Ai. 936 (Musgrave ergänzt χρυσοδέτων) findet sich in allen Handschriften. Ebenso steht dort der unechte Zusatz τε καὶ φλέγει nach μαραίνει Ai. 714, welcher bei Stob. Ekl. phys. I θ, 24 fehlt. Öd. K. 390 geben die Handschriften εὐνοίας χάριν. Das Schol., welches augenscheinlich auf Didymos[2]) zurückgeht, lautet: ἐν τοῖς ἀναγκαιοτέροις τῶν ἀντιγράφων γράφεται εὐσοίας χάριν ὃ καὶ οἱ ὑπομνηματισάμενοι (cfr. schol. Ant. 45) ἀξιοῦσιν. Die Urhandschrift unserer Überlieferung gehörte also ebenso-

---

[1]) Wenn Triklinios zu d. St. bemerkt: ἥκων γενεᾶς ἄριστος γράφε, ἵν' ᾖ ὅμοιον τῷ τῆς στροφῆς κώλῳ. οὕτω γὰρ εὑρέθη καὶ ἔν τινι τῶν πάνυ παλαιῶν, so hat er nur das Scholion von L λείπει τὸ ἄριστος gelesen.

[2]) Des Didymos würdig ist auch das Schol. zu Phil. 1199, wo für βροντᾶς αὐγαῖς die Handschriften βρονταῖς αὐταῖς bieten: γράφεται καὶ αὐγαῖς, ταῖς βροντῶν αὐγαῖς ταῖς κεραυνίαις. ἔστι μέντοι λαβεῖν καὶ βροντᾶς ἀντὶ τοῦ βροντήσας καθάπερ καὶ ἐν Ὑδροφόροις τὸν Διόνυσον εἶπεν Βακχᾶν ἀντὶ τοῦ Βακχευτάν.

wenig wie die des Euripides zu den zuverlässigsten Handschriften.

Der einheitlichen Urhandschrift entspricht die Beobachtung, welche Cobet in einem Vortrag De arte interpretandi, 1847 aufgestellt hat, daß der cod. Laur. XXXII 9 (L) nicht bloß die zuverlässigste, sondern auch die einzige Quelle der handschriftlichen Überlieferung sei. Zum unverbrüchlichen Grundsatz der Sophokleskritik haben diese Beobachtung Dindorf und Nauck gemacht, während Schneidewin Jahrb. 67 (1853) S. 497, J. H. Lipsius De Soph. em. praes. 1860, Jebb u. a. Einspruch erheben und neben L auch eine andere Quelle gelten lassen. Lipsius hat auf den Vers Öd. T. 800 καί σοι, γύναι, τἀληθὲς ἐξερῶ· τριπλῆς aufmerksam gemacht, welcher in L von einer jüngeren Hand an den Rand geschrieben ist, während Handschriften des 13. Jahrhunderts den Vers im Text haben. Die Vertreter des Cobetschen Satzes wie Dindorf und Nauck erklären deshalb diesen Vers als unecht. Aber der Gedanke, mit welchem Ödipus die Erzählung seiner Begegnung mit Laios einleitet, ist an seiner Stelle so trefflich und psychologisch fein, daß die Annahme einer Interpolation durchaus unwahrscheinlich ist (vgl. A. Soph. em. 1869 S. 3). Indes sind die sachkundigen Ausführungen, welche Thompson in der Einleitung zu dem Faksimile des cod. Laur. S. 11 über die Schrift des beigeschriebenen Verses macht, der Art, daß sie die Möglichkeit, daß der Vers vor den Handschriften des 13. Jahrhunderts geschrieben ist, nicht ausschließen, wiewohl Thompson aus einem besonderen Grunde, der nachher zur Sprache kommen wird, dem anderen Herausgeber des Faksimile Jebb beipflichtet. Nachdem also dieser Gegenbeweis außer acht bleiben kann, glauben Campbell (Ausg. von 1879, I S. XXV ff.) und Jebb, denen neuerdings auch E. Bruhn in der 10. Auflage der Schneidewin-Nauckschen Ausgabe der Elektra S. 207 beistimmt, einen zweiten gefunden zu haben. Öd. T. 896 lautet nämlich nach L τί δεῖ με χορεύειν πονεῖν ἢ τοῖς θεοῖς, worin πονεῖν ἢ τοῖς θεοῖς als Stück einer Erklärung dem Text angefügt ist, und zwar von der Hand des Text-, nicht des Scholienschreibers.

Nun hat Campbell in einer Handschrift des Trinity College in Cambridge das Scholion τί πρέπει πανηγυρίζειν τοῖς θεοῖς gefunden und die Worte von L πονεῖν ἢ τοῖς θεοῖς werden als ein verstümmelter Rest dieses Scholions angesehen. Der Sachverhalt ist ein wesentlich anderer. Die Glosse πανηγυρίζειν steht auch in L über χορεύειν, wenn auch nicht von der Hand des ersten Scholienschreibers. Richtig ist, daß πονεῖν eine Verkürzung von πανηγυρίζειν ist, aber nicht von πονεῖν ἢ, wie Thompson S. 8 annimmt. Wenn man τί δεῖ με χορεύειν πονεῖν ἢ τοῖς θεοῖς zusammenstellt mit Hesych. θυοσκεῖν· ἱεροῖς παρέχεσθαι ἢ θεοῖς, so muß man schon aus dem lückenhaften ἢ (τοῖς) θεοῖς erkennen, daß hier etwas Gemeinsames zugrunde liegt. Dieses Gemeinsame kann nur das ursprüngliche Textwort θυοσκεῖν mit seiner Erklärung ἱεροῖς παρέχεσθαι ἢ θεοῖς χορεύειν oder vielmehr, da die Blomfieldsche Änderung ἱερὰ παρέχεσθαι τοῖς θεοῖς unmethodisch und plump ist, ἱεροῖς παρέχεσθαι (oder προσέρχεσθαι oder πανηγυρίζειν) ἢ θεοῖς χορεύειν sein. Die Erklärung ἱεροῖς παρέρχεσθαι (zu heiligen Örtern wallfahren) entspricht dem Zusammenhang, da im folgenden die Wallfahrt zu berühmten Heiligtümern abgelehnt wird. Aus der Erklärung ist das trotz aller Erklärungsversuche sonderbare χορεύειν an Stelle von θυοσκεῖν in den Text gekommen, ἢ θεοῖς aber stehengeblieben und πανηγυρίζειν einmal in πονεῖν verdorben, das andere Mal mit ἱεροῖς παρέρχεσθαι wiedergegeben worden. Die ursprüngliche Glosse lautete also: θυοσκεῖν· πανηγυρίζειν (oder ἱεροῖς παρέρχεσθαι) ἢ θεοῖς χορεύειν. Diese durch den Zwang des inneren Zusammenhangs festgestellte und für die Textkritik sehr lehrreiche Aufklärung läßt gerade den Wert des L zutage treten, während die scheinbare Richtigstellung anderer Handschriften sich als Irrlicht kundgibt, was ebenso an vielen anderen Stellen der Fall ist.

Neben L erkennt man gewöhnlich dem cod. Paris. 2712 (A) eine selbständige Bedeutung zu. Dies tut auch Jebb sowohl in seiner wertvollen Ausgabe wie in der erwähnten Einleitung zu dem Faksimile. Aber zu Ö. K. 172 κ' οὐκἀκούοντας be-

Textkritische Studien zu den griechischen Tragikern. 33

merkt er: cum κοὐ notissima esset crasis, κἀκούοντας autem minus frequens, primo aspectu librarius κοὐ scribere instituerat, deinde animadverso errore κἀκούοντας recte scripsit, κοὐ tamen delere neglexit. Ceteri codices vel κοὐκ ἀκούοντας habent vel κοὐκ ἄκοντας ut B (cod. Paris. 2787, eine andere Handschrift, der Wert beigelegt wird). Wenn diese Angabe sich genau so verhält, sind A und B und die übrigen Handschriften von jenem Schreibfehler in L abhängig. A bietet O. K. 1054, wo in L τὸν ἐγρεμάχαν Θησέα steht, ὀρειβάταν und Hermann hat nach Ausstoßung von Θησέα καὶ beide Lesarten verbunden: τὸν ὀρειβάταν ἐγρεμάχαν τὰς διστόλους. Die Lesart ὀρειοβάταν (ὀρειβάταν Laskaris) ist im Schol. des L als Variante überliefert: γρ. ὀρειοβάταν οἱονεὶ τὸν διὰ τῶν ὀρῶν βαίνοντα τῶν προειρημένων χωρίων. Weil also der Weg über den Ägaleos führt, erhält Theseus wie ein Tier der Wildnis das Epitheton „Bergwandler". Dieser Nonsens wird beseitigt durch die Erkenntnis, daß ὀρειβάταν, wie Neue gesehen hat, auf ὀρσιβόαν zurückgeht und eine richtige Variante zu ἐγρεμάχαν vorstellt. Der Text von A beruht also nur auf dem verschriebenen Scholion von L. Ebd. 1220 hat zu ἔπι κοῦρος in L der Korrektor am Rande οἶμαι κόρος angemerkt, weil er nicht an ἐπίκουρος dachte. Darnach haben die anderen Handschriften entweder οὐδ' ἐπὶ κόρος (A) oder οὐδ' ἐπίκορος. Ö. K. 391 hat L τίς δ' ἂν τοιοῦδ' ἀνδρὸς εὖ πράξειεν ἄν; die fehlende Silbe τι, d. i. ἀντί (für d. i. zum Lohne für) ist vor τοι ausgefallen. Vgl. Eur. Frg. 360, 51 ἀντὶ γὰρ ψυχῆς μιᾶς ... τήνδ' ἐγὼ σώσω πόλιν. A gibt mit den meisten anderen Handschriften τίς δ' ἂν τοιοῦδ' ὑπ' ἀνδρὸς εὖ πράξειεν ἄν; eine echt byzantinische Korrektur. Ant. 770 hat kein Abschreiber wahrgenommen, daß κατακτανῆναι zunächst auf κατακτανεῖν führt (s. oben S. 18) und ist das durch Versehen entstandene κατακτεῖναι in alle Handschriften übergegangen. El. 1343 bietet L χαίρουσιν ἐν τούτοισιν, A χαίρουσιν οὖν τούτοισιν: die Lesart von L weist auf das charakteristische χλίουσιν ἐν τούτοισιν hin. Trach. 1021 hat L θύραζ' ἔνεστι, ebenso A, aber in L steht über dem ζ ein θ (d. i. θύραθεν ἔστι), welches von dem Abschreiber übersehen worden ist. El. 1304 hat L λεξαίμην und am Rande γρ. βουλοίμην: λεξαίμην ist im Pal. 287 in δεξαίμην verbessert, A aber bietet βουλοίμην. Ebd. 947 hat L ποεῖν und am Rande von einer späteren Hand γρ. τελεῖν, A gibt τελεῖν, während nur ποεῖν richtig sein kann. Ant. 340 gibt L am Rande γρ. ἀποτρύεται ἰλλομένων, im Texte ἀποτρύετ' ἀπλομένων: daraus ist in A παλλομένων geworden. Ebd. 1238 hat A πνοήν für ζοήν gleichfalls nach dem Schol. von L. Phil. 559 steht in L φράσον δ' ἅπερ ἔλεξας, in A ἅπερ γ' ἔλεξας: das bezeichnende Wort ist ἅπερ κατῆρξας (quae dicere coepisti). Mit der Aushilfspartikel γέ ist auch ebd. 655 ταῦτ', οὐ γὰρ ἀλλ' ἔσθ' ἃ βαστάζω χεροῖν die Lücke ausgefüllt (ἀλλα ἔστ' ἀλλ' ἅ); ebenso 1003 ξυλλάβετ' αὐτόν L, ξυλλάβετέ γ' αὐτόν A, Ant. 747 οὐκ ἂν L für οὔ τἂν, A οὐκ ἄν γ'. Phil. 1265 hat L μῶν τί μοι μέγα πάρεστε πρὸς κακοῖσι πέμποντες κακά (mit ον über α, wohl vom διορθωτής): die jüngeren Handschriften geben κακόν: Bergk hat erkannt, daß vielmehr νέα für μέγα zu schreiben ist. Ebd. 1381 hat L καλῶς für λῷσθ', A gibt κάλ', ebd. 1390 hat L ἔγωγ' οὐκ ἀτρείδας für ἐγὼ οὐκ, A bietet ἔγωγ' ἀτρείδας, ebd. 1469 χωρῶμεν ἤδη πάντες ἀολλεῖς hat A das anapästische Versmaß mit χωρῶμεν ἰδοὺ gewonnen, während Hermann χωρῶμεν δή hergestellt hat. Ö. T. 525 gibt L τοῦ πρὸς δ' für τοὔπος δ', welches in anderen Handschriften steht, A hat πρὸς τοῦδ'. Ebd. 660 ist von θεῶν θεόν, welches richtig ist, in L θεόν teilweise ausgekratzt, in A vollständig radiert und in den meisten jüngeren Handschriften ausgelassen. Ebd. 1111 hat L von erster Hand richtig πρέσβεις σταθμᾶσθαι: σ von πρέσβεις ist radiert und A gibt πρέσβει wegen Beziehung zu συναλλάξαντα. Ai. 149 hat L πάντων Ὀδυσσεύς (für Ὀδυσεύς), A stellt Anapäste mit πᾶσιν Ὀδυσσεύς her. Ebd. 232 hatte die erste Hand von L das richtige ἱππονώμας: mit Rasur ist daraus ἱππονόμους gemacht und so geben die anderen Handschriften. Ebd. 534 hat L τ' ἂν ἦν, d. i. τἂν (= τοι ἂν) ἦν, A gibt τ' ἦν ἂν, worin τ' unbrauchbar ist. Ebd. 1137 ist die Lesart von erster Hand πόλλ' ἂν καλῶς λάθρᾳ σὺ κλέψειας κακά richtig. Bei schiefer Auffassung kann man κακῶς erwarten; dies ist mit κ über λ nachgetragen und A gibt mit den meisten jüngeren Handschriften κακῶς. Wie A mit L fehlerhafte Lesarten gemeinsam hat, die in anderen jüngeren Handschriften verbessert sind, z. B. Ö. K. 217 μένεις (βαίνεις), 574 διέρχεται (διοίχεται), 537 ἀνδρῶν (ἀστῶν), 775 τοσαύτη (τίς αὕτη), 889 ἴδω (εἰδῶ), 924 ἐπιβαίνων (ἐπεμβαίνων), El. 1336 ἀπλείστον (ἀπλήστον), Phil. 300 μάθης (μάθε), 493 πάλαι ἂν . . . βεβήκοι (παλαιὸν . . . βεβήκῃ), 509 ὅσσα (οἷα), 688 κλύζων (κλύων), Ö. T. 1264 ἑώραις (αἰώραις), 1401 μέμνησθ' ὅτι (ἔτι), Ai. 61 φόνου (πόνου), 313 φανείην (φανοίην), 616 χερσὶν μέγιστ' (χεροῖν μεγίστας), 959 βασιλῆες (βασιλῆς), Ant. 1105 καρδίᾳ (καρδίας), 1313 μόρῳ (μόρων), so ist es begreiflich, daß auch A manche gute Lesart bietet, z. B. Ö. K. 227 ὑπέσχεο (ὑπέσχετο L), 945 κἄναγνον (κἄνανδρον L), 1113 ἐμφῦτε, d. i. ἐμφύντε (ἐμφῦσα L), 1234 κατάμεμπτον (κατάπεμπτον L, κατάπεμπτον mit μ über dem ersten π A), 1481 ἀφεγγὲς (ἀφθεγγὲς L), Ai. 1011 ἥδιον (ἵλεων L, γρ. ἥδιον l), Ant. 386 εἰς δέον (εἰς μέσον). Alle diese Verbesserungen übersteigen, wie die Handschriften des Euripides und das Beispiel des Triklinios erkennen lassen, das Vermögen eines byzantinischen Grammatikers nicht, z. B. ist das erste der oben aufgezählten Beispiele ὑπέσχεο durch καταθήσεις nahegelegt. Das gilt auch von den drei Lesarten, welche Jebb in der angeführten Einleitung S. 15 f. zum Beweise benützt, daß es außer L noch eine andere Quelle der Überlieferung gegeben habe: νέμει Ai. 28 (L τήνδ' οὖν ἐκείνῳ πᾶς τις αἰτίαν τρέπει), δεδραγμένος Ant. 235 (L τῆς ἐλπίδος γὰρ ἔρχομαι πεπραγμένος, ebenso A), τέγγει ebd. 830 (L τάκει). Die bedeutendste dieser Emendationen δεδραγμένος findet sich neben πεφραγμένος in minder bedeutenden Handschriften und ist durch das Scholion ἀντειλημμένος an die Hand gegeben wie κεκλέμμεθα (L κεκλήμεθα) Ant. 681 durch das Schol. σεσυλήμεθα. Der metrische Fehler in Phil. 222 ποίας πάτρας ἂν ὑμᾶς ἢ γένους ποτὲ ist in A mit der Umstellung πάτρας ὑμᾶς ἂν, von Triklinios mit ἢ γένους ὑμᾶς verbessert worden. Überhaupt tritt uns in A neben Triklinios ein zweiter byzantinischer Grammatiker als

Kritiker des Sophokles entgegen. Er stellt sich sozusagen persönlich vor Phil. 116, wo von dem metrisch fehlerhaften θηρατέα (γίγνοιτ' ἄν) die Endung α als lang bezeichnet und mit δυνατὴ ληφθῆναι erklärt, also θηρατέα irrigerweise auf Τροία bezogen wird. Triklinios hat das Versmaß mit θηρατέ' οὖν verbessert. So wird sich denn auch die auffallendste und den Gegnern der Cobetschen Theorie am meisten günstige Abweichung von L, welche A mit Phil. 220 τίνες ποτ' ἐς γῆν τήνδε ναυτίλῳ πλάτῃ darbietet, als byzantinische Korrektur erledigen. L gibt nämlich κἀκ ποίας πάτρας statt ναυτίλῳ πλάτῃ und ποίας πάτρας stammt offenbar aus 222 ποίας πάτρας ἂν ἢ γένους ὑμᾶς ποτε τύχοιμ' ἂν εἰπών; So annehmbar der Text von A ist (vgl. Eur. Fragm. 846 ναυτίλῳ πλάτῃ Ἄργος κατασχών), wird doch von den drei herkömmlichen Fragen τίς πόθεν ἔσσ' ἀνδρῶν, πόθι τοι πόλις ἠδὲ τοκῆες (Hom. α 170) oder χαίρετ', ὦ ξένοι· τίνες πόθεν πορεύεσθ' ἔστε τ' ἐκ ποίας χθονός; (Eur. El. 779, vgl. Fragm. 1), die eine erst dann gestellt, wenn es τίνες ποτ' ἐς γῆν τήνδε κἀκ ποίας (oder τίνος) χθονὸς κατέσχετε geheißen hat.

Da die sehr zahlreichen Überschriften erster Hand in L sich in der Regel[1]) als die ursprünglichen Lesarten zu erkennen geben, sind dieselben als Verbesserung von Schreibversehen und als bessere Überlieferung zu betrachten. Wie soll der Schreiber der Handschrift El. 761 ὡς μὲν ἐν λόγῳ ἀλγεινά dazu gekommen sein, οις über λόγῳ zu setzen, wenn er nicht λόγοις in seiner Vorlage fand? Umgekehrt setzte er Phil. 319 τοῖσδε μάρτυς ἐν λόγοις ὡς εἶσ' ἀληθεῖς οἶδα ωι über λόγοις trotz τοῖσδε und richtig ist ἀληθεῖς erst aus ἀληθής geworden: im archetypus gab es also die Variante τῷδε ... λόγῳ ὡς ἔστ' ἀληθής. Tr. 720 ist ὁρμῇ in ὀργῇ korrigiert: ὀργῇ hatte, wie der Scholiast, so der archetypus, obwohl hier ὁρμῇ richtig ist, eine alte Variante wie Ö. K. 390 εὐνοίας und εὐσοίας. Ebenso verhält es sich mit πλεύμονος und πνεύμονος Tr. 1054. Ai. 168 ist in L ἄτε aus ἄπερ gemacht: da das

---

[1]) Eine Ausnahme macht z. B. ἦν δοκῇ (auch in A) Ant. 328.

Lemma des Schol. ἅπερ bietet, muß der archetypus wohl ἅτε über ἅπερ gehabt haben. El. 1148 schreibt man gewöhnlich ἐγὼ δ' ἀδελφή σοι προσηυδώμην ἀεί: von erster Hand steht ἡ über σοι. Mit ἀδελφὴ σὴ wird der Sinn angedeutet: „Du redetest mich immer zärtlich „meine Schwester" an." Ebd. 1449 steht τῆς ... της über τε φιλτάτων: τῆς φιλτάτης darf keinen Anlaß zu Konjekturen geben. Das gleiche ist von Ö. T. 968 zu sagen, wo die erste Hand δή in κεύθει κάτω δὴ γῆς zuerst ausgelassen und dann über der Zeile nachgetragen hat. Öd. K. 190 ἄγε νυν σύ με, παῖ, ἵν' ἂν εὐσεβίας ἐπιβαίνοντες τὸ μὲν εἴποιμεν, τὸ δ' ἀκούσαιμεν καὶ μὴ χρείᾳ πολεμῶμεν steht ω über εἴποιμεν und ἀκούσαιμεν, gewöhnlich aber wird der Optativ beibehalten, indem καὶ μὴ ... πολεμῶμεν als selbständiger Satz betrachtet wird. Aber der Konjunktiv εἴπωμεν ... ἀκούσωμεν entspricht dem finalen Sinn des Satzes ebenso wie in ἵν' ἂν σαυτοῦ κρατῇς ebd. 405. Sehr bezeichnend ist die Überschrift π ebd. 298 ὃς κἀμὲ δεῦρ' ἔπεμψεν οἴχεται στελῶν: ἔπεμπεν, welches übrigens auch A bietet, ist nirgends berücksichtigt worden, obwohl es dem besonderen Gebrauch von πέμπω entspricht, bei dem das Imperfekt wie bei λείπω steht. Mit Recht nimmt man Ant. 684 κτημάτων für χρημάτων auf, während die anderen Handschriften (A) χρημάτων geben. Folgerichtig muß Ö. K. 751 πτωχῇ διαίτῃ dem πτωχῷ, Ant. 394 ὅρκον dem ὅρκων, 688 σοὶ dem σοῦ, 715 οὕτως dem αὕτως, wie ὅστις ἐγκρατῇ dem εἴ τις ἐγκρατεῖ, 726 ᾖ ι, d. i. ᾖ dem οἵ, 1027 πέλῃ dem πέλει (also auch ἀκῇται), 1096 τε dem δὲ, El. 449 κόμας dem φόβας, ebd. 999 εὐτυχὴς dem εὐτυχεῖ, Ai. 215 βάρος dem πάθος vorgezogen werden. Ant. 151 ist θέσθαι in θέσθε verändert: θέσθε verlangt μναμοσύναν für λησμοσύνην (denket an das, was jetzt zu geschehen hat). So erhält auch τῶν νῦν eine passendere Bedeutung. Ö. K. 810 οὐ δῆθ' ὅτῳ γε νοῦς ἴσος καὶ σοὶ πάρα hat die erste Hand οἷος über ἴσος geschrieben: die Verkürzung der ersten Silbe von οἷος scheint die Änderung veranlaßt zu haben. Ai. 941 τοιοῦδ' ἀποβλαφθεῖσαν ἀρτίως φίλον steht in L ov über ἀρτίως und das Schol. γνησίον· οὐ γάρ ἐστι χρονικόν bestätigt ἀρτίον.

Dies führt auf ἀρθμίον, da die Zeitangabe zwecklos steht. Phil. 1132 ist ἄρθμιον für ἄθλιον hergestellt. Vgl. Hesych. ἄρθμιοι· φίλοι. Ai. 1053 hat L ξ über ἄγειν: ἄξειν nach ἐλπίσαντες.

Die Varianten, welche in den Scholien oder sonst in L mit γρ. angeführt sind, haben selten Wert. Man vergleiche nur κατάστασιν mit ξενόστασιν Ö. K. 90, κρείσσων mit χρήζων Phil. 1052, τήνδε θεσπίζει γραφήν mit τήνδ' ἔθεσθ' ἐπιστροφήν Ö. T. 134. Wenn man deshalb El. 676, wo neben νῦν τε καὶ πάλαι λέγω L γρ. τότ' ἐννέπω bringt, geneigt sein mag, τότ' ἐννέπω vorzuziehen, weil die Äußerung kurz vorher gefallen ist, so wird die Variante wohl aus diesem Grunde entstanden sein, während das ärgerliche νῦν τε καὶ πάλαι λέγω die Verstellung des Pädagogen kennzeichnet. Die Variante zu λυσσαίνων Ant. 633 θυμαίνων hat gleichfalls keinen Wert.

Der διορθωτής hat die vom Schreiber ausgelassenen Silben, z. B. κινεύματα—κινδυνεύματα, Wörter, z. B. ἀλγῶ Ö. K. 744, μοῦνος Ai. 1276, Verse wie Ö. K. 1105 ergänzt. Wenn er Ö. K. 238 ἀλαόν nach γεραόν eingefügt hat, besteht kein Grund, ἀλαόν wegzulassen, nur wird dann γεραὸν ἀλαὸν ἄνδρα τόνδ' zu schreiben sein. Anders verhält es sich Phil. 762, wo die Einfügung von δῆτα nur dazu dient den Vers zu füllen und δῆτα in drei aufeinanderfolgenden Versen stehen würde. Darum ist eher σου in σώματος zu ändern. In El. 736 ὅπως δ' ὁρᾷ μόνον νιν ἐλλελειμμένον hat der Korrektor ὅπως δ' in ὅδ' ὡς δ' geändert: er hätte δ' nicht stehen lassen dürfen und ὅδ' ὡς, wie andere Handschriften haben, schreiben müssen; denn wie νιν zeigt, kehrt die Erzählung, die vom Athener ausgeht, zu diesem zurück. — Die Überschrift von βε über ψ in ἀνταμείψασθ' Phil. 230 (ἀνταμείβεσθ') ist deshalb anzuerkennen, weil eine Abschreiberunsitte in Mitte liegt (s. oben S. 15). Dieselbe Hand hat ebd. 282 συμβάλλοιτο in συλλάβοιτο, 296 ἐκθλίβων in ἐκτρίβων verbessert.

Eine Überlieferung, die vom Text von L unabhängig ist und in die Alexandrinische Zeit zurückgeht, wird — abgesehen von einigen Zitaten — hie und da in den alten Scholien von L geboten. So haben wir oben εὐσοίας Ö. K. 390 für εὐνοίας, βροντᾶς αὐγαῖς Phil. 1199 für βρονταῖς αὐταῖς kennen gelernt. Tr. 720 gibt das Lemma des Schol. ταύτῃ σὺν ὀργῇ, während im Text richtig an erster Stelle ὁρμῇ steht. Ant. 1239 geht die Erklärung des Schol. τὴν πνοὴν τοῦ φοινίου σταλάγματος ἐκβάλλει τῇ λευκῇ αὐτῆς παρειᾷ ὅ ἐστιν αἷμα ἐξέπνευσεν auf die Lesart πνοήν zurück, welche sich auch in jüngeren Handschriften findet. Die Lesart von L ῥοήν ist nicht zweifelhaft. Dagegen muß eine Vermutung von Nauck zu Ant. 1314 zu Ehren gebracht werden, wo die durch das Schol. τίνι τρόπῳ, φησίν, ἐλύετο καὶ ἐφέρετο εἰς φονάς; gebotene Lesart κἀλύετ' (für κἀπελύσατ') die Manier, die wir oben kennen gelernt haben, für das Imperfekt den Aorist zu setzen und hier damit den Trimeter herzustellen verrät. Die beste Bestätigung gewährt hier der antistrophische Vers 1336 ἀλλ' ὧν ἐρῶ, ταῦτα συγκατῃνυξάμην, wo das unnütze ἐρῶ μέν nur in jüngeren Handschriften steht. Ebenso hätte man Ai. 951 ἄγαν ὑπερβριθὲς ἄχθος ἤνυσαν nicht ändern, sondern erkennen sollen, daß der strophische Vers 905 τίνος ποτ' ἆρ' ἔπραξε χειρὶ δύσμορος; fehlerhaft und, wie die Antwort αὐτὸς πρὸς αὑτοῦ zeigt, aus τίνος ποτ' ἆρ' ἔπαθε χειρὶ δύσμορος entstanden ist. Mit dem Rhythmus vgl. z. B. Ag. 490 πρὸ τοῦ φανέντος χάριν ξυναινέσαι.

Noch mehr als früher ist mir klar geworden, daß Aias 80 mit ἐμοὶ μὲν ἀρκεῖ τοῦτον ἐν δόμοις μένειν nach ἔνδον ἀρκείτω μένειν 76 nichts gesagt ist und daß das in L überlieferte ἐς δόμους seinen besonderen Grund haben muß. Mit τόνδ' ἔσω δόμων μένειν (Hartung) oder τοῦτον ἄνδρ' ἔνδον μένειν (Blaydes) ist nichts gebessert. Daß μένειν aus μεμηνέναι entstanden ist (τόνδ' ἔσω μεμηνέναι), zeigt das folgende μεμηνότα, womit der innere Zusammenhang des Gesprächs gewonnen wird. — Ai. 367 ὤμοι γέλωτος, οἷον ὑβρίσθην ἄρα: Aias sieht den Hohn seiner Widersacher voraus (382); es hat also wohl οἷον ὑβρισθήσομαι geheißen. — Die Lesart von L εὐφραίναιμι Ai. 469 scheint auch der Marotte den Aorist statt Präsens und Imperfekt zu setzen entsprungen zu sein, wie jüngere Handschriften εὐφράνοιμι bieten, welches auf εὐφραίνοιμι führt. Auch

Ai. 502 hat es wohl ursprünglich ἴσχνε für ἴσχνσε geheißen (ἀριστεύεσκε μάχεσθαι Hom. Z 460). — Ai. 541 scheint προσπόλων für πρόσπολε aus 544 zu stammen. — Bedauerlich ist es, daß in dem schönen Liede der Soldaten „in der Heimat ist es schön" immer noch eine Stelle Ai. 601 f. keine sichere Emendation gefunden hat. Doch wird durch ἰδαία, d. i. wegen des Versmaßes Ἰδαῖα die Lobecksche Änderung λειμώνι' ἔπαυλα am meisten empfohlen. Dann kann das Hermannsche μηνῶν (für μήλων) nicht zweifelhaft sein. Dazu aber gehört, wie Trach. 247 χρόνον ... ἡμερῶν ἀνήριθμον lehrt, ἀνήριθμον ... χρόνον, so daß man den tadellosen Text erhält: παλαιὸς ἀφ' οὗ χρόνος Ἰδαῖα μίμνων λειμώνι' ἔπαυλα μηνῶν ἀνήριθμον αἰὲν εὐνῶμαι χρόνον τρυχόμενος. Vgl. 1185 ff. — Die ungewöhnliche Redeweise ἐκ πατρῴας ἥκων γενεᾶς Ai. 636 verdankt man wohl nur der Unkenntnis des Gebrauchs von εὖ ἥκειν, welchen Burges mit εὖ πατρῴας ἥκων γενεᾶς hergestellt hat. Damit aber verbindet sich nicht gut ἄριστος, womit bei dem Schol. die Lücke ausgefüllt ist. Eher ἀρίστας. Vgl. Phil. 180 οὗτος πρωτογόνων ἴσως οἴκων οὐδενὸς ὕστερος (ὑστέρων?). — In Ai. 789 τοῦδ' εἰσάκουε τἀνδρός, ὡς ἥκει φέρων Αἴαντος ἡμῖν πρᾶξιν ἣν ἤλγησ' ἐγώ ist ὡς in L aus ὅς gemacht um des Versmaßes willen: der Sinn verlangt ἥν. — Mit vollem Recht bemerkt der Schol. zu Ai. 1274 ἐρκέων ποθ' ὑμᾶς οὗτος ἐγκεκλημένους: λείπει ἐντός. Der bloße Genitiv kann nicht mit τειχέων εἰσεδέξω in der wahrscheinlich unechten Stelle Phön.451 gerechtfertigt werden. Zunächst liegt es nahe, οὗτος mit ἐντός zu vertauschen. Aber eher vermißt man ὑμᾶς und dieses für ἐντός zu ergänzen konnte man leicht geneigt sein. — Ai. 833 ξὺν ἀσφαδάστῳ καὶ ταχεῖ πηδήματι erinnert an Ag. 1291 ἐπεύχομαι δὲ καιρίας πληγῆς τυχεῖν, ὡς ἀσφάδαστος ... ὄμμα συμβάλω τόδε. Wie der Schol. ausführt, bedurfte es der καιρία πληγή besonders bei Aias. Drum fragt es sich, ob nicht der Dichter ξὺν ἀσφαδάστῳ καιρίῳ πηδήματι geschrieben hat. — Dem „Glauben" κἄστιν, ὡς ἐμοὶ δοκεῖ, οὐδείς ποτ' ἄλλος ἢ σύ kann nicht die bestimmte Behauptung ὁρῶ δέ τοί νιν Ai. 1157 vorausgehen: von ὁρᾶν δ' ἔοικα scheint κα vor κᾆ(στιν) ausgefallen zu sein. — Soll nicht Ai. 1388 vor 1392 bloß πρὸς σαφήνειαν τῶν λεγομένων wie 841 f. beigeschrieben sein? In Elektr. 38 ὅτ' οὖν τοιόνδε χρησμὸν εἰσηκούσαμεν entspricht der Aor. der Vorstellung, als werde die Erzählung fortgesetzt, während es sich bloß um die Mitteilung des Orakels an den Pädagogen (πεύσῃ τάχα 37) handelt. Der Nachsatz verlangt εἰσακούομεν, d. i. „nachdem du vernommen hast". — El. 84 hat L εὖ über χεσοντες (die anderen Handschriften χέοντες). Dies führt auf χεύαντες, also χέαντες. — Die Variante, welche das Schol. zu El. 111 angibt: γρ. ποινία ἀρά, bedeutet offenbar ποίνιμ' Ἀρά. — Den abstrusen Ausdruck in El. 564 τίνος ποινὰς τὰ πολλὰ πνεύματ' ἔσχ' ἐν Αὐλίδι kennzeichnet die Erklärung Hermanns multos illos ventos qui flare ibi solent. Man vermißt das bezeichnende Wort ἄπλοια (Äsch. Ag. 198, Iph. T. 15 ἀπλοίας πνευμάτων), welches man mit ποινὰς ἄπλοιαν πνευμάτων ἧκ' Αὐλίδι erhält. Zu ἧκε vgl. Hom. A 479 τοῖσιν δ' ἴκμενον οὖρον ἵει. Damit wird der einzig natürlichen Sage ihr Recht, daß widrige Winde die Fahrt gehemmt haben, nicht Windstille, bei welcher Ruder zu Gebote stehen. — El. 646 entspricht dem vorhergehenden δισσῶν nicht εἰ μὲν ... εἰ δὲ, sondern ἦ μὲν—ἦ δὲ. — El. 1139 gibt Jebb Spuren von Rasur in πυρός an: darin liegt eine Andeutung, daß die öfters vorgekommene Vertauschung von πυρός und πυρᾶς auch hier stattgefunden hat. Vgl. „die Homerischen Hymnen und die griechischen Tragiker" S. 49. — El. 1262 τίς ... μεταβάλοιτ' ἂν ὧδε σιγὰν λόγων; könnte eher von dem Schweigen gesagt sein, welches man aufgibt, als von dem, welches man annimmt. Formen wie μεταβάλοιτ' und μεταλάβοιτ' findet man häufig vertauscht, vgl. z. B. Öd. K. 471, Phil. 282. — El. 1337 f. ist die umständliche Ausführung ἔσω παρέλθεθ, ὡς τὸ μὲν μέλλειν κακὸν ἐν τοῖς τοιούτοις ἔστ', ἀπηλλάχθαι δ' ἀκμή dem Abschluß der Rede des Pädagogen, der zu raschem Handeln drängt, weniger angemessen, als es das stilgemäße ὡς τὸ μὴ μέλλειν ἀκμή sein würde. Vgl. Ag. 1352 τὸ μὴ μέλλειν δ' ἀκμή, Pers. 410 κοὐκέτ' ἦν μέλλειν ἀκμή, Or. 1292 οὐχ ἕδρας ἀκμή. — El. 1395 τὸ δυσέριστον αἷμα φυσῶν Ἄρης: bei Ares liegt αἷμα nahe; aber schnaubt Ares Blut? Und nimmt man αἷμα im Sinne von φόνον, paßt dazu δυσέριστον, wenn dieses δύσμαχον bedeutet? Der Sinn wird glatt mit οἶμα (Wut). — Wie in der Parodos des Öd. in K. haben in dem Kommos der El. 1398 ff. die Zeichen einer Lücke von drei Versen nach 1427 (= 1404—1406) und von einem Trimeter nach 1429 (= 1409), welche Erfurdt gesetzt hat, keine Berechtigung. Die Responsion der beiden Partien 1398—1421 und 1422 bis 1441 ist augenscheinlich; wenn auch die sich entsprechenden Trimeterpartien nicht den gleichen Personen zufallen, so trifft dies bei den lyrischen Partien zu, die in beiden Teilen der Chor hat. Die erwähnten Partien 1404—1406 und 1409 sind Rufe der Klytämestra aus dem Hause und unterbrechen sozusagen den Text. Mit 1406 macht Elektra auf den ersten Ruf aufmerksam. Die weiteren Rufe der Klytämestra werden erwidert, also in den Text hereingenommen. In der Antistrophe treten, abgesehen davon, daß 1432 die zweite Hälfte des Trimeters fehlt, Lücken des Gedankengangs weder nach 1427 noch nach 1429 zutage. Vgl. S. 48.

Ödip. Tyr. 510 kann der anstößige Hiatus in τῷ ἀπ' ἐμᾶς φρενὸς οὔποτ' ὀφλήσει κακίαν zur Not mit dem epischen Gebrauch von τῷ gerechtfertigt werden. Aber auf eine andere Lesart weist das Scholion λείπει τὸ ἕνεκα hin. Das führt zunächst auf τῶν, womit jedoch nichts anzufangen ist. Sollte nicht das Scholion auf einem Mißverständnis beruhen und ursprünglich den Sinn haben, daß διά wie ἕνεκα gebraucht sei: τῷ δι' ἐμᾶς φρενός? — Da ἐλευθεροῖ „macht frei", nicht „hält frei" bedeutet, so scheint πᾶν ἐλευθεροῖ στόμα Öd. T. 706 ebenso wie oben S. 4 aus πᾶν ἐλινύει στόμα (stockt mit dem ganzen Munde) entstanden zu sein. — Öd. T. 843 geht aus der Angabe von Gu. Wolff hervor, daß die erste Hand von L κατακτείνοιεν geschrieben hat. Es ist also nicht κατακτείναιεν in κατακτείνειαν zu ändern, sondern (das minder gewöhnliche) κατακτείνοιεν beizubehalten: „daß Räuber seine Mörder seien". — Was an Öd. T. 987 καὶ μὴν μέγας γ' ὀφθαλμὸς οἱ πατρὸς τάφοι anstößig ist, hat Nauck hervorgehoben. Man braucht nur Andr. 408 εἰς παῖς ὅδ' ἦν μοι λοιπὸς ὀφθαλμὸς βίου zu vergleichen, um das Unschickliche jenes Ausdrucks zu erkennen. Das einzig richtige Wort καὶ μὴν μέγας γ' οἰωνὸς (bedeutsames Wahrzeichen) ergibt der Sinn und bestätigt Or. 788 οὐκοῦν οὗτος οἰωνὸς μέγας. — Wie Öd. T. 1387 οὐκ ἂν ἐσχόμην zu οὐκ ἀνεσχόμην geworden ist, so kann ebendort ἀποκλῆσαι an die Stelle von κλῆσαι getreten sein und die normale Ausdrucksweise οὐκ ἂν ἐσχόμην τὸ μὴ οὐχὶ κλῆσαι verdorben haben. — Öd. T. 1409 hat Nauck ἀλλ' οὐ γὰρ αὐδᾶν ἔσθ' ἃ μηδὲ δρᾶν καλόν in ἀλλ'... μηδ' ὁρᾶν καλόν verwandelt; Ödipus aber verlangt gerade aus den Augen der Menschen weggeschafft zu werden, also ἀλλ' οὐχ ὁρᾶν γὰρ ἔσθ' ἃ μηδ' αὐδᾶν καλόν.

Da auch sonst z. B. Cho. 951 die Vertauschung von ἐν und ἐπ' sich findet, wird Ant. 383 ἐπ' (für ἐν) ἀφροσύνῃ καθελόντες herzustellen sein. Vgl. ἐπίληπτος. — Ant. 447 ᾔδησθα κηρυχθέντα μὴ πράσσειν τάδε erregt Anstoß durch den Plural von κηρυχθέντα, welcher vermieden wird mit κηρυχθὲν τὸ μὴ πράσσειν τάδε. Fälle wie ἡρμοσμένα 570, δεδογμένα 576 sind anderer Art. Diese Partizipien stehen Adjektiven nahe. Mit τό vgl. ἐξορμῇ τὸ μὴ εἰδέναι 535, τοὐπιτάσσειν... νοεῖ 664, τἀδικεῖν φιλῶν 1059. — Jüngere Handschriften gehen Ant. 533 der auffälligen Verbindung von Dual und Plural δύ' ἄτα κἀπαναστάσεις mit δύ' ἄτας κἀπαναστάσεις aus dem Wege; aber δύ' ἄτα ist gewiß richtig, vgl. Ö. K. 531. Die beiden Geister des Unheils führen nicht einen doppelten Umsturz seiner Herrschaft herbei, es ist nur einer denkbar; also κἀπανάστασιν. — Ant. 685 ἐγὼ δ' ὅπως σὺ μὴ λέγῃς ὀρθῶς τάδε, οὔτ' ἂν δυναίμην μήτ' ἐπισταίμην λέγειν, wo man gewöhnlich mit anderen Handschriften λέγεις setzt, weist die Lesart λέγῃς wie der Sinn auf λέγοις hin. — Welcher Gegensatz bei τήνδε γ' ἔχουσιν Ant. 930 vorschweben soll, ist nicht einzusehen. An das naheliegende τήνδ' ἐπέχουσιν haben vielleicht schon andere gedacht. — Ant. 996 stellt für ἐπὶ ξυροῦ τύχης Blaydes den gebräuchlichen Ausdruck ἀκμῆς ἐπὶ ξυροῦ her: jedenfalls ist nicht, wie H. Wirz will, *Κρέον* für *τύχης* zu schreiben; denn die Anrede des Herrschers wäre hier im Munde des Tiresias ebenso unangemessen wie vorher im Munde der Antigone. Passend dagegen ist *τέκνον* 1023. — Da Ant. 1071 *ἄμοιρον* nicht ohne Genitiv stehen kann, muß *τῶν κάτωθεν θεῶν* zu *ἄμοιρον* gehören; aber nicht die unteren Götter werden dem Toten, sondern der Tote wird den Göttern vorenthalten. Für *θεῶν* erwartet man *δόμων*: *εἰς Ἅιδου δόμους* geht der Tote ein. Dem *νέκυν* 1071 steht *ψυχήν* 1069 gegenüber: dies tritt zutage, wenn man mit den jüngeren Handschriften *κατοικίσας* für *κατῴκισας* und mit Bothe *ψυχήν, ἀτίμως ἐν τάφῳ κατοικίσας* schreibt. So wird *τῶν ἄνω* von *ψυχήν* abhängig und fällt der ungewöhnliche Gebrauch des gen. part. weg.

Die Verbesserung von Trach. 80 *ἢ τοῦτον ἄρας ἆθλον εἰς τὸν ὕστερον τὸν λοιπὸν ἤδη βίοτον εὐαίων' ἔχειν* ist methodisch einfach. Da in *εἰς τό γ' ὕστερον* die Partikel unnütz ist, fordert *τὸν ὕστερον* unbedingt *χρόνον*, von *λοιπόν* und *ἤδη* ist der eine Ausdruck entbehrlich, wenn auch 168 beide verbunden sind; *τὸν λοιπόν* wird durch das Versmaß ausgeschlossen, also bleibt nur *εἰς τὸν ὕστερον χρόνον τὸν ἤδη βίοτον* übrig. — Bei *οἷά τιν' ἄθλιον ὄρνιν* Trach. 105 denken wir nach Hom. τ 518 f. zunächst an die Nachtigall und sind überrascht, daß der Schol. den Meereisvogel von Hom. I 563 (*ἀλκυόνος πολυπενθέος*) im Sinne hat: *ἀθλίαν δ' ὄρνιν τὴν ἀλκυόνα φησὶν κτέ.* Den Grund gibt das andere Scholion an: *γρ. ἄλιον ὄρνιν, ἀλκυόνα. ἢ ἀηδόνα*: das metrisch fehlerhafte *ἄλιον* hat eben ursprünglich selbst *ἀλκυόν'* gelautet: *οἷά τιν' ἀλκυόν' ὄρνιν*. Vgl. *ὄρνιθος ἀηδοῦς* Ai. 629, *κύκνου ὄρνιθος* Hel. 19. — In Trach. 539 *καὶ νῦν δύ' οὖσαι μίμνομεν μιᾶς ὑπὸ χλαίνης* hat Blaydes *οὖσα* wegen *δύο* vermutet. Vielmehr ist *ὄντε* zu schreiben, wie Öd. K. 1113 Mudge *ἐμφῦσα* in *ἐμφύντε*, Brunck ebd. 1676 *ἰδόντε καὶ παθοῦσα* in *ἰδόντε καὶ παθόντε* verbessert hat. Hom. Θ 387 geben die meisten Handschriften *προφανεῖσα* oder *προφανείσας* oder *προφανεῖσαν* für *προφανέντε*. Vgl. Textkr. St. z. Od. S. 68 ff. — Trach. 554 *ἦ δ' ἔχω λυτήριον λύπημα, τῇδ' ὑμῖν φράσω* kann man sich verschiedene Wörter auf *ημα* denken, welche etwa dem Zusammenhang entsprechen. Am nächsten liegt τέχνημα, welches neben anderen Hermann vorgeschlagen hat. Aber das Entstehen von λύπημα muß erklärt werden. Die erste Silbe λυ rührt von dem vorhergehenden λυτήριον her; übrig bleibt πημα, welches auf πόνημα führt. Vgl. πόνημα μελισσᾶν Iph. T. 165. Öd. K. 475 ist οἰὸς νεαρᾶς οἰνεοτόκωι (übergeschrieben οἰοπόκωι) μαλλῷ von οἰνεοπόκωι sowohl οἱ auf οἰός wie νε auf νεαρᾶς zurückzuführen. Hiernach ist nicht mit Canter νεοπόκῳ, sondern mit Valckenaer εὐπόκῳ zu schreiben oder vielmehr, da der Kasus von λαβών abhängig zu machen ist, εὔποκον μαλλόν. — Trach. 721 ζῆν γὰρ κακῶς κλύουσαν οὐκ ἀνασχετόν, ἥτις προτιμᾷ μὴ κακὴ πεφυκέναι: eine üble Nachrede schädigt nicht das Wesen des Menschen, sondern nur den äußeren Schein; also erwartet man πεφηνέναι für πεφυκέναι. Auch Phön. 916 hat Camper πέφηνε für πέφυκε hergestellt. — Trach. 781 κόμης (κόγχης Mekler) δὲ λευκὸν μυελὸν ἐκραίνει μέσου κρατὸς διασπαρέντος αἵματός θ' ὁμοῦ: man mag διασπαρέντος für richtig halten oder διαρραισθέντος oder διασπασθέντος verlangen, die Verbindung von κρατός und αἵματος ist sinnlos. Ich habe früher an αἱματοσφαγῆ oder αἱματοσταγῆ gedacht in Erinnerung an Hom. P 297 ἐγκέφαλος δὲ παρ' αὐλὸν ἀνέδραμεν ἐξ ὠτειλῆς αἱματόεις, näher liegt αἷμά τ' ὄρθιον (weißes Mark und emporspringendes Blut). — Trach. 1004 folgt auf die anapästische Partie ein Klagegesang des Herakles, der durch eine Unterredung des Alten und des Hyllos unterbrochen wird. Die Responsion steht fest, aber die Ordnung der Strophen (Str. α, Str. β, 5 Hexameter, Antistr. α, 5 Hexameter des Alten und des Hyllos), Str. γ, Antistr. β, 5 Hexameter, Antistr. γ) ist nicht normal. Deshalb hat Herm. Schütz 1007—1009 nach 1016 und 1024—1026 nach 1030 umgestellt und damit die scheinbar schöne Ordnung: Str. α, daktylisches System, Antistr. α, Str. β, dakt. Syst., Antistr. β, Str. γ, dakt. Syst., Antistr. γ erzielt. Diese Ordnung leidet ebenso wie der überlieferte Text an einer großen Unebenheit: Herakles trägt zuerst die Antistrophe zur vorausgehenden Strophe und in unmittelbarem Anschluß die Strophe zur folgenden Antistrophe vor. Dieses ist gegen alle Norm. Die Sache ist einfacher. Wie die Strophe 1004—1009 zeigt, gehören 1015—1017 und 1027—1030 als Antistrophe zusammen, d. h. die Partie 1027—1030 ist nach 1017 umzustellen. Dann besteht die Partie des Herakles aus zwei Strophenpaaren, welche 5 Hexameter umschließen; in der Mitte steht die Unterredung des Alten und des Hyllos, welche auch 5 Hexameter enthält; also hat man Strophe, 5 Hex., Antistr. des Herakles, 5 Hex. des Alten und des Hyllos, Str., 5 Hex., Antistr. des Herakles.

Philokt. 422 οὐ ... Νέστωρ ὁ Πύλιος ἔστιν; οὗτος γὰρ τά γε κείνων κάκ᾽ ἐξήρυκε βουλεύων σοφά: die Härte im fünften Fuß ist zwar nicht unerhört, weil die Zäsur unmittelbar vorhergeht wie 466; aber da auch das zwecklose γὲ einen Anstoß bietet, ist anzunehmen, daß beide Anstöße gleichen Ursprung haben und beide mit οὗτος ἔργματα zu heben sind. — Phil. 791 εἴθε σοῦ διαμπερὲς στέρνων ἔχοιτ᾽ ἄλγησις ἥδε: daß ἔχοιτο nicht der angemessene Ausdruck ist, hat schon Wakefield gesehen, der ἵκοιτ᾽ vermutet hat; ἔχεσθαι kommt nicht im Sinne von ἀνθάπτεσθαι vor und διαμπερὲς στέρνων σοῦ erweckt eine andere Vorstellung. Der Ausdruck für das Umsichfressen von körperlichen Schäden wie von Feuer ist νέμεσθαι. Da στέρνων mit ν schließt, bedarf es nur der Änderung von χ in μ: στέρνων νέμοιτ᾽ ἄλγησις. Die gleiche Änderung stellt 1119 στυγερὰν ἔχε δύσποτμον ἀρὰν ἐπ᾽ ἄλλοις ein passenderes Wort her: νέμε. Der Gebrauch von ἔχω in Hom. Γ 263 πεδίονδ᾽ ἔχον ὠκέας ἵππους ist anderer Art: man hält die Zügel in der Hand. — Der Genitiv φωνῆς in οὐδὲ σοῦ φωνῆς ἔτι γενήσομαι προσφθεγκτός Phil. 1066 scheint unmöglich. Μηδενὸς προσήγορος Ö. T. 1437 entspricht in gewöhnlicher Weise dem προσαγορεύειν τινά (προσήγορος muß also aktivisch aufgefaßt werden); am wenigsten bietet ἐλπίδων ἄπιστος eine Parallele. Man wird also σοῦ 'κ φωνῆς zu schreiben haben. Die Stellung der Worte ist durch οὐδέ veranlaßt. — Der Gebrauch von ἄσκοπος in Phil. 1111 ἀλλά μοι ἄσκοπα κρυπτά τ᾽ ἔπη δολερᾶς ὑπέδυ φρενός wird sich in dem Sinn von „unerwartet" (ἀπροσδόκητα

Schol.) oder vielmehr „unberechenbar" rechtfertigen lassen. Doch weist die Variante ἄψοφα ἀπὸ τοῦ μὴ ψοφεῖν ἀντὶ λαθραῖα gerade durch ihre abstruse Erklärung auf ein anderes Wort hin. Den meisten Anstoß aber erregt der Dativ bei ὑπέδυ. Man erwartet ὑπέδυ με, wie auch ein Schol. gibt. Der Akkusativ läßt sich herstellen mit ἀλλά μ' ἀπόστροφα (scheußlich). Dieses kann sowohl zu ἄσκοπα wie zu ἄψοφα geworden sein. — Phil. 1143 κεῖνος δ' εἷς ἀπὸ πολλῶν ταχθεὶς τοῦδ' ἐφημοσύνᾳ, wo man gewöhnlich mit Thudichum τῶνδ' für τοῦδ' setzt, wird mit τᾷδ' ἐφημοσύνᾳ die vorhergehende Angabe εἷς ἀπὸ πολλῶν ταχθείς gekennzeichnet. — Phil. 1161 läßt sich die Responsion herstellen, wenn man μηδέν τι κρατύνων für μηδενὸς κρατύνων setzt. Vgl. Ai. 280. — In Phil. 1204 ξίφος εἴ ποθεν ἢ γένυν ἢ βελέων τι προπέμψατε ist εἴ ποθεν eine prosaische Wendung: nach dem Pathos der Stelle erwartet man ξίφος εἰρυτόν, vgl. εἴρυσον ἔγχος Trach. 1032. — Zu dem doppelten Genitiv in Phil. 1315 ὧν δέ σου τυχεῖν ἐφίεμαι kann Xen. An. V 7, 33 οὗ δὲ δὴ πάντων οἰόμεθα τεύξεσθαι ἐπαίνου oder Thuk. VII 15, 2 ἀξιῶ δ' ὑμῶν ξυγγνώμης τυγχάνειν nicht als Parallelstelle gelten, da πάντων von ἐπαίνου, ὑμῶν von ξυγγνώμης abhängig ist. Es wird wohl δ' ἐκ σοῦ zu schreiben sein. — Phil. 1332 πρὶν ἂν τὰ Τροίας πεδί' αὐτὸς ἑκὼν .μόλῃς weist der metrische Fehler, der in A mit ἑκὼν αὐτός verbessert ist, auf πεδί' ἑκούσιος μόλῃς hin, da αὐτός überflüssig erscheint. — Phil. 1391 ἀλλ' ἐκβαλόντες εἰ πάλιν σώσουσ' ὅρα gibt σώσουσι nicht den Gegensatz zu ἐκβαλόντες. Ich habe deshalb früher σ' ἄξουσ' geschrieben. Da aber in L die erste Hand σώσουσ' gegeben hat und σώσουσ' vom Korrektor herrührt, liegt σ' ἄγουσ' näher. — Phil. 1429 σκῦλά τ' ἐς μέλαθρα σὰ πέμψεις paßt πέμψεις statt οἴσεις ebensowenig wie Iph. T. 604 πέμψει statt οἴσει. — Phil. 1450 καιρὸς καὶ πλοῦς ὅδ' ἐπείγει γὰρ κατὰ πρύμνην ist die Stellung von γάρ abnorm. Unter dem Einfluß von 466 καιρὸς γὰρ καλεῖ πλοῦν ... σκοπεῖν scheint die Stelle erweitert zu sein: πλοῦς ὅδ' ἐπείγει κατὰ πρύμνην.

In der Parodos des Ödip. in Kol. folgt auf die erste

Strophe und Antistrophe ein anapästisches System. Wenn das zweite mit 175 schließen und die Verse 176 f. zu einer zweiten Strophe gehören sollten, wie es in der Ausgabe von Jebb angenommen ist, müßte 175 ein Parömiakos sein. Es ist kein Grund gegeben 176 f. und ebenso 192 f. vom Vorhergehenden zu trennen. Gewöhnlich betrachtet man 178—187 = 194—206 als zweites Strophenpaar und setzt nach 181 eine Lücke von drei Zeilen (= 197—199) und nach 183 eine zweite von einer Zeile (= 202) an. Der Zusammenhang verrät keinen Ausfall; besonders ist die zweite Lücke ganz überflüssig. In der angenommenen Antistrophe enthalten die Verse 197—202 eine Unterredung des Ödipus mit seiner Tochter, können also ebenso aus der Responsion herausfallen wie El. 1404 f., 1409 die Rufe der Klytämestra und der davon eingeschlossene Trimeter der Elektra 1406 (s. oben S. 42). Demnach besteht kein Grund zur Annahme einer Lücke und respondieren nur die Verse, bei denen der Chor beteiligt ist (178—181 = 194—196 und 184—187 = 203—206). Auf diese Partie folgen lauter ἀνομοιόστροφα. — Öd. K. 415 οἱ μολόντες εἰς Θήβης πέδον: man erwartet ἐς Πυθοῦς πέδον. Sonst würde es οἱ μολόντες εἰς Θήβας (oder ἐκ Δελφῶν) πάλιν heißen. — Die Schwierigkeit, welche Öd. K. 539 ἐδεξάμην δῶρον, ὃ μήποτ' ἐγὼ ταλακάρδιος ἐπωφέλησα πόλεως ἐξελέσθαι bietet, kann nicht damit behoben werden, daß man mit Madvig ἐπωφείλησα schreibt und diesem die unerhörte Bedeutung von ὤφελον gibt. Es bleibt kaum etwas anderes übrig als ἐπωφελήσας (für mein Verdienst) ὄφελον ἐξελέσθαι zu setzen. — Öd. K. 711 hat Heimsöth εὔιππον als Glossem zu εὔπωλον erkannt. Aber nicht ὄχησις ist das richtige Wort, sondern ὄχημα und mit ὄχημά τ' wird zum Geschenk des Pferdes (δῶρον) die Fahrt zu Land und zur See hinzugefügt. — Der überlieferte Text Öd. K. 842 πόλις ἐναίρεται, πόλις ἐμὰ σθένει erhält seine richtige Bedeutung mit πόλις ἐναίρεται πολεμίῳ σθένει. — Öd. K. 895 läßt sich τὴν μόνην ξυνωρίδα nur gewaltsam erklären. Einzig paßt τλήμονα ξυνωρίδα, wovon zunächst μονα in μόνην übergehen konnte. Öd. K. 966 ist καθ' αὑτόν γ' οὐκ ἂν ἐξεύροις ἐμοὶ

Textkritische Studien zu den griechischen Tragikern. 49

ἁμαρτίας ὄνειδος οὐδέν, ist καθ' αὑτὸν ... ἐμοὶ nicht stilgemäß statt κατ' αὐτόν ... ἐμέ. — Öd. K. 1113 schreibt man für κἀναπαύσετον, welches aus κἀναπαυστέον gemacht ist, gewöhnlich κἀναπαύσατον nach jüngeren Handschriften. Näher kann κἀναπαύετον liegen, welches den Sinn zu verbessern scheint: Ödipus wünscht Fortdauer. Die Änderung von Jebb κἀναπνεύσατον empfiehlt sich nicht, da die Entführung der beiden Mädchen nicht mit πλάνου bezeichnet werden kann. — 1221 erscheint κακοτέλεστος für ἰσοτέλεστος als passende Erklärung zu ἐπίκουρος: der Tod wird zum Erlöser. Öd. K. 1369 ὑμεῖς δ' ἀπ' ἄλλου κοὐκ ἐμοῦ πεφύκατον enthält eine unnatürliche Übertreibung, die schwerlich dem Dichter zugemutet werden kann. Mit τυφλοῦ πατρὸς τοιώδ' ἔφυτον wird auch der Schimpf alsbald (1378) widerrufen. — Öd. K. 1390 hat für das unbrauchbare τὸ Ταρτάρου στυγνὸν πατρῷον ἔρεβος Meineke στυγνὸν παλαιὸν, Nauck στυγνὸν κάτωθεν vorgeschlagen: näher liegt στυγνοπρόσωπον. — Öd. K. 1418, wo ich für πῶς γὰρ αὖθις αὖ πάλιν στράτευμ' ἄγοιμι ταὐτόν früher στράτευμ' ἀγείροιμ' ἀλλ' ἄν vermutete, kann der Sinn leichter mit πῶς γὰρ αὖθις ἂν (so Vauvilliers) πάλιν στράτευμ' ἄγοιμ' ἐπακτόν (von überall her zusammengebracht) verbessert werden. — Öd. K. 1466 οὐρανία γὰρ ἀστραπή: das richtige Epitheton ὄβριμα, welches schon Halbertsma gefunden hat, lehrt uns Hesiod The. 839 σκληρὸν δ' ἐβρόντησε καὶ ὄβριμον, Eur. Jon 212 κεραυνὸν ὄβριμον. Das Fem. ὄβριμα findet sich auch Or. 1454. — Nach der Angabe von Jebb ist in L nach ἐπιγύαλον Öd. K. 1492 Raum für ungefähr 8 Buchstaben gelassen. Dies mag dem Worte τυγχάνεις gelten, welches in die folgende Zeile geraten ist, und die Umstellung dieses Wortes bestätigen (ἔτ' εἰ τυγχάνεις περὶ γύαλα πετρᾶν). — Öd. K. 1600 gibt zwar L εἰς προσόψιον, aber da alle anderen Handschriften εἰς ἐπόψιον bieten, kann auch byzantinischen Grammatikern die Kenntnis zugetraut werden, daß es das Wort προσόψιος nicht gibt. — Öd. K. 1609 überrascht der Ausdruck στέρνων ἀραγμούς. Das legitime Wort ist ἀμυγμούς, vgl. Hom. T 284 χερσὶ δ' ἄμυσσε στήθεα. — Die Schwierigkeiten, welche Öd. K. 1645—1647 bieten, lassen sich, wie es scheint, ohne Athetese nicht heben. Man versteht nicht, was ξύμπαντες bei εἰσηκούσαμεν soll, während es zu ὡμαρτοῦμεν gehört, und warum die Diener in Tränen zerfließen, abgesehen von dem eigentümlichen Ausdruck ἀστακτὶ στένοντες. Mit τοσαῦτα φωνήσανθ' ὅτ' εἰσηκούσαμεν, ξύμπαντες ὡμαρτοῦμεν· ὡς δ' ἀπήλθομεν wird alles verständlich. Denn daß dem Befehle des Vaters gemäß die Mädchen fortgehen, braucht nicht gesagt zu werden.

Soph. Fragm. 79 τί ταῦτα πολλῶν ῥημάτων ἔτ' ἔστι σοι kann man ἔτ' ἐνδεῆ erwarten. — Für πάγου φανέντος ebd. 153, 3 heißt es Phil. 393 πάγου χυθέντος. — Ebd. 327 οὔτε γὰρ γάμον, ὦ φίλαι, οὔτ' ἂν ὄλβον ἔκμετρον ἔνδον εὐξαίμαν ἔχειν versteht man γάμον nicht. Den Gegensatz zu ὄλβον ἔκμετρον bildet οὔτε λιμόν. — Ebd. 392 Ζεῦ πανσίλυπε καὶ Διὸς σωτηρίου σπονδὴ τρίτου κρατῆρος muß man sich über das Epitheton des Zeus πανσίλυπε wundern, welches dem Gotte des Weines zukommt, auch darüber, daß nach Ζεῦ die Anrufung Διὸς σπονδή folgt. Es hat wohl ursprünglich ὦ πανσίλυπε τοῦ Διὸς σωτηρίου σπονδὴ τρίτου κρατῆρος geheißen. — Ebd. 435 scheint der Sinn γενοίμαν αἰετὸς ὑψιπέτας, ὡς ἀμποταθείην δι' αἰθέρος (für ὑπὲρ) ἀτρυγέτου γλαυκᾶς ἐπ' οἶδμα λίμνας zu fordern. — In 480 befremdet am meisten ἄρσενας χοάς, wie die Erklärung ἄρσενας δὲ χοὰς τὰς· οὐδὲν ἐκτρεφούσας abstrus ist. Die Unfruchtbarkeit kann nur von Fluren ausgesagt werden, also ἄρσενας γύας. Vorher hat Dindorf ἀκτὰς ἀπαιώνας τε καὶ μελαμβαθεῖς λιποῦσα λίμνης ἦλθον ἠχούσης γόους geschrieben. — In 481 wird mit βροτοῖς δ' ἂν ἐλθὼν ἐς δίκην μομφὴν (für λόγων) ὄφλοι dem Sinne gedient. — Ebd. 492 Ἥλιε δέσποτα καὶ πῦρ ἱερόν, τῆς εἰνοδίας Ἑκάτης ἔγχος ist φέγγος für ἔγχος zu setzen. — Ebd. 750 οὐκ ἐξάγουσι καρπὸν οἱ ψευδεῖς λόγοι bleibt ἐξαμῶσι im Bilde. — Ebd. 872 wird die Vierteilung Attikas richtiggestellt mit: ἐμοὶ (dem Ägeus) μὲν ὥρισεν πατὴρ ἀκτὰς ἀπελθεῖν τῆσδε γῆς ⟨ἀντηλίους⟩ πρεσβεῖα νείμας· εἶτα ⟨δευτέρῳ⟩ Λύκῳ τὸν ἀντίπλευρον κῆπον Εὐβοίας νέμει· Νίσῳ δὲ τὴν ὅμαυλον ἐξαιρεῖ χθόνα Σκίρωνος ἀκταῖς· τῆς δὲ γῆς τὸ πρὸς νότον κτέ. Ebd. 873 kann man ἐδέξατ' ἐκραγεῖσα für ἐδέξατο ῥαγεῖσα vermuten.

## III. Zu Euripides.

Die gemeinsame Quelle unserer **Euripideshandschriften** verrät unter anderem der fast spaßhafte Text in Hipp. 1129 ὦ δρυμὸς ὄρειος, ὅθι κυνῶν ὠκυπόδων ἐπέβας (so A, ἐπέβα L) θεᾶς μέτα θῆρας ἐναίρων, wo ὦ δρύμ' ὄρειος, ὅθι κυνῶν ὠκυπόδων μέτα θῆρας ἔναιρεν hergestellt ist. Zu Phön. 1225 bemerkt der Schol. οὗτος (ὁ στίχος) οὐ φέρεται ἐν τοῖς πολλοῖς ἀντιγράφοις, zu Or. 1229 ἐν τῷ ἀντιγράφῳ οὐ φέρονται οὗτοι οἱ δ' ἴαμβοι, [καὶ] ἐν ἄλλῳ δέ. Or. 696 steht in allen Handschriften ὅταν γὰρ ἡβᾷ δῆμος εἰς ὀργὴν πεσών, bei Stob. fl. 46, 5 liest man ὅταν γὰρ ὀργῇ δῆμος εἰς θυμὸν πέσῃ, worin Naber den ursprünglichen Text ὅταν γὰρ ὀργᾷ δῆμος εἰς θυμὸν πεσών entdeckt hat. Phön. 642 geben die Handschriften οὗ κατῴκισε für οὗ κατοικίσαι, dazu lautet das Schol. ἐν ἐνίοις τῶν ὑπομνημάτων ἀντὶ τοῦ ‚οὗ κατῴκισε' ‚κατοικίσαι'. Der Schol. erklärt κατοικίσαι, aber auch δόμων, wofür Valckenaer die richtige Lesart Ἀόνων gefunden hat. Phön. 50 haben alle Handschriften αἴνιγμ' ἐμὸς παῖς: dazu bemerkt der Schol.: τινὲς γράφουσι μούσας ἐμὸς παῖς, ὃ καὶ βέλτιον. Dieser (Didymos?) oder sein Gewährsmann hatte also, wie wir es bei Sophokles gesehen haben, eine bessere Handschrift, in welcher nicht die Glosseme statt der ursprünglichen Worte im Text standen, aber auch schon verderbte Lesarten (wie δόμων) vorkamen.

Bei Euripides erfreut sich keine Handschrift einer gleich überragenden Bedeutung wie bei Äschylos und Sophokles. Für die fünf Stücke, welche A = Marc. 471 hat, galt früher (bei Kirchhoff) diese Handschrift als durchaus maßgebend. Dank den neueren Kollationen ist L = Laur. 32, 2, welcher früher hinter A und P (s. unten) zurückstand, zu gleicher, wenn nicht zu höherer Bedeutung gelangt. Wie sich die Handschriften zueinander verhalten, mögen folgende Beispiele zeigen. Hipp. 1176 gibt A mit E B ἀναστρέφοι, L ἀναστρέψει, richtig a P ἀναστρέψοι, ebd. 1076 A ἀφθόγγους mit fehlerhaftem Versmaß, L mit den übrigen ἀφώνους, ebd. 1086 A richtig τεθίξεται, L mit den anderen γε θίξεται, ebd. 658 A mit a B οὐκ ἄν ποτ' ἐπέσχον, worin Paley οὔ τἂν ἐπέσχον gefunden hat, L mit E und P das korrigierte οὐκ ἄν ποτ' ἔσχον, ebd. 1450 L (mit P) ἀφίης, a E B ἀφήσεις (das Präsens ist geeigneter, das Fut. sozusagen mundgerechter), ebd. 1418 L (mit P) κατασκήπτουσιν, die anderen κατασκήψουσιν (das Präsens ist richtig, da der Zorn der Aphrodite bereits auf Hippolyt niedergefahren ist; gewöhnlich wird das Fut. bevorzugt), ebd. 817 L τάλας, τάλαινα a B P, πόλις A E (Theseus hat keinen Anlaß, sich an die Bürgerschaft zu wenden), ebd. 1216 ἀντεφθέγγετ᾽ L mit (P und) a B E, ἀντεφθέγξατ᾽ A (nach der Manier den Aor. für das Imperfekt zu setzen). Ebd. 1053 gibt L mit B πέραν γε πόντου καὶ τόπων Ἀτλαντικῶν, in A und a ist an die Stelle von καὶ τόπων aus Vers 3 τερμόνων getreten, welches in E (= Par. 2712) mit τ' (τερμόνων τ') textgerecht gemacht wurde.[1]) Hipp. 866 gibt A mit E φεῦ φεῦ, ⟨ὡς⟩ τόδ' αὖ νεοχμὸν ἐκδοχαῖς ἐπιφέρει θεὸς κακόν. ἐμοὶ μὲν οὖν. Dagegen hat man in L (und P) wie auch in a B ἐπεισφέρει, außerdem fehlt in L (und P) κακόν. Beides zusammen führt auf den Gedanken, daß sich eine Form des in der handschriftlichen Überlieferung immer wieder verkannten Verbums πίφρημι verbirgt, nämlich ἐπεισέφρηκεν, welche Form sich auch El. 1033 und Herk. 1267 findet und nicht, wie Lexika angeben, ein Perfekt, sondern einen Aorist wie ἔθηκα vorstellt. Das Perfekt würde πέφρεικα lauten und ἐπεσπέφρεικεν könnte hier gleichfalls passen. Vgl. φρεῖναι, φρείς, ἐπεισφρείς Eur. Frgm. 781, 50 wie θεῖναι, θείς. Mit ἐπεισέφρηκεν (hat plötzlich noch dazu kommen lassen) θεός· ἐμοὶ μὲν οὖν sind auch zwei Dochmien gewonnen. Ebenso bedeutsam wie hier das Fehlen von κακόν in L ist die Auslassung von πόλιν in Phön. 449 ὡς ἀμφὶ τείχη καὶ ξυνωρίδας λόχων τάσσων ἐπέσχον πόλιν, ὅπως κλύοιμί σου, worin καί Unzusammengehöriges verbindet (ὡς ἀμφὶ τείχη καὶ πύλας ξυνω-

---

[1]) E gewinnt nicht an Ansehen durch den Wegfall von Hipp. 691, welcher Brunck den Anlaß zur Athetese gegeben hat; denn an dem Wegfall ist nur der gleiche Anfang ἐρεῖ schuld. Mehr bedeutet ἔχων σαφεῖς ebd. 1315 — das Streben ein Paroxytonon an den Schluß zu bringen hat sogar Herk. 1283 φίλων ὁμήγυριν in πανήγυριν φίλων verwandelt — und ἵνα (d. i. ἴν' ἅ) βιόδωρος für ἵνα ὀλβιόδωρος Hipp. 750.

Textkritische Studien zu den griechischen Tragikern. 53

ῥίδας τάσσων λόχων ἐπέσχον, ὡς gibt den richtigen Zusammenhang). Phön. 1226 hat A δαναῶν ἀριστῆς, L δαναῶν τ' ἀριστῆς: für A ist der vorhergehende Vers unecht, wie er es tatsächlich ist. Ebd. 1231 ist der Text von L κἂν μὲν κτάνω τόνδ', οἶκον οἰκήσω μόνος, ἡσσώμενος δὲ τῷδε παραδώσω δόμον nicht zu beanstanden. A gibt παραδώσω μόνος, worin μόνος aus dem vorhergehenden Vers stammt. Wie in a μόνος in μόνῳ korrigiert ist, so ist μόνῳ in É G als Korrektur zu betrachten, die einen Sinn herstellt, aber nicht dem δόμον vorzuziehen ist. B gibt μόνος πόλιν, in dem Scholion παραδοῦναι παρασκευάσω πόλιν ist πόλιν nicht von παραδοῦναι, sondern von παρασκευάσω abhängig. Das Scholion erklärt, wie von Eteokles, wenn er tot ist, παραδώσω gesagt werden kann. Ebd. 1317 gibt A mit den anderen ἐγὼ δ' ἥκω μέτα γέρων ἀδελφὴν γραῖαν Ἰοκάστην, ὅπως λούσῃ, L hat allein στέλλων für γέρων und κλαύσῃ für λούσῃ: für γέρων ... γραῖαν fehlt hier die Beziehung: also hat L mit στέλλων, d. i. στελῶν, recht; dagegen ist λούσῃ von A richtiger als κλαύσῃ. So ergänzen sich L und A bzw. die Sippe von A gegenseitig. Zeichnet sich Med. 816 L durch die Lesart σὸν σπέρμα aus, während a σὸν παῖδα, B σὼ παῖδε gibt, so verdirbt L seinen Ruhm wieder mit ξυγγαμεῖν σοι ebd. 887, wo die anderen (a B E) das natürliche ξυμπεραίνειν bieten. Immerhin muß die höhere Wertung von L Einfluß auf die Behandlung des Textes gewinnen. Phön. 370 hat L δι' ὅσσων αἷμ' ἔχων δακρυροοῦν, worin Musgrave νᾶμ' entdeckt hat, die übrigen geben ὄμμ'. Alk. 346 haben a B ἐξαίροιμι, L ἐξάροιμι, d. i. (nach Wakefield) ἐξάραιμι (s. oben S. 14). Hipp. 1195 ist die Lesart von L (und P) πρόσπολοι δ' ὑφ' ἅρματος πέλας χαλινῶν εἱπόμεσθα δεσπότῃ einzig richtig. Wenn in A ἐφάσκομε steht (in A² B ἐφ' ἅρματος, in a E ἐφ' ἅρματι), so ist darin weiter nichts als eine Verschreibung zu erblicken und der Versuch ἐφάσκομε mit der unerhörten Form ἐβάσκομεν zu retten weit wegzuweisen. Or. 1278 schreibt man gewöhnlich mit A τἀπὶ σοῦ σκόπει (τὰ πί σου A, σου korr. in σω A², τἀπὶ σοῦ E G), L gibt τἀπὶ σῶ wie a τὰ 'πίσω, die ursprüngliche Lesart ist τὠπίσω (Gegensatz τὰ πρόσθ' αὐλᾶς).

In L sind häufig die Formen mit ξυν erhalten, während in den anderen συν steht, allerdings hat L auch Phön. 85, wo das Metrum σύμβασιν fordert, ξύμβασιν. Hipp. 67 verdient nicht die minder geläufige Lesart von L P αἴ ... ναίετ' der Lesart der übrigen Handschriften nachgesetzt zu werden. Interessant ist der Fall Hipp. 79:

> ὅσοις διδακτὸν μηδέν, ἀλλ' ἐν τῇ φύσει
> τὸ σωφρονεῖν εἴληχεν εἰς τὰ πάνθ' ὅμως,
> τούτοις δρέπεσθαι.

Mit ὅστις für ὅσοις hat Porson diesen Text scheinbar in Ordnung gebracht. Aber in L hat man nicht bloß ὅσοις, sondern auch εἰς τὰ πάντ' ἀεί, was beides auf den nach Bakch. 315 zwischen ἐν τῇ φύσει und τοῦτο irrlichternden Vers τὸ σωφρονεῖν ἔνεστιν εἰς τὰ πάντ' ἀεί hinführt.[1]) Zur Bestätigung dient die Rasur in L, auf welcher λ' ἐν von ἀλλ' ἐν steht und unter welcher vorher ἀλλὰ stand. Damit gewinnen wir als ursprüngliche Vorlage von L

> ὅσοις διδακτὸν μηδέν, ἀλλὰ τῇ φύσει
> τὸ σωφρονεῖν ἔνεστιν ἐς τὰ πάντ' ἀεί

und das in allen Handschriften erhaltene ὅσοις fordert diesen Text anzuerkennen. Auch Andr. 303 ist in L die richtige Lesart versteckt. Man liest hier nach A und a τυράννων ἔσχες ἂν δόμων ἕδρας. Die Responsion würde wohl gewahrt, wenn im strophischen Vers ἃ τεκοῦσά νιν Πάριν das unerträgliche Glossem Πάριν, welches Hartung beseitigt hat, bliebe. Mit Πάριν auch in der Antistrophe τυράννων als Glossem zu streichen lehrt uns die Lesart von L τυράννων τάσδ' ἔσχες. So erhält man οὔ τἂν ἐπ' Ἰλιάσι ζυγὸν ἤλυθε δούλιον σύ τ' οὐ (so Hartung für οὔτ' ἂν σύ), γύναι, τάσδ' ἔσχες ἂν δόμων ἕδρας = ἀλλ' εἴθ' ὑπὲρ κεφαλὰν ἔβαλ' ὄστρακον ἁ τεκοῦσά νιν πρὶν Ἰδαῖον κατοικίσαι λέπας. — Solange man A für maßgebend erachtete, mußte man Hipp. 670 geneigt sein die Lesart von A

---

[1]) Ebenso hat Prinz den an seiner Stelle unnützen Vers Tro. 237 an die Stelle von Hek. 504 gesetzt.

τίνα νῦν τέχναν mit Nauck in τίν' αὖ νῦν τέχναν zu verwandeln. Nun aber gibt L (P) mit τίνα νῦν ἢ τέχναν den ersten Dochmius τίνα νυν ἢ τέχναν an die Hand und nach der Anleitung Th. Bartholds, der ἢ τίνας σφαλεῖσαι κάθαμμα λύειν λόγους vorgeschlagen hat, findet man die Aufklärung über die bunten Lesarten ἢ λόγους AEB, ἢ λόγον LP — λύσειν AaEB, λύσιν LP (λύειν Musgrave) — λόγους AB, λόγον LPEa, wenn man τίνα νυν ἢ τέχναν ἔχομεν ἢ τίνα σφαλεῖσαι κάθαμμα λύειν λόγον; schreibt und annimmt, daß zuerst die Verlängerung der Endsilbe von τίνα durch σφ(αλεῖσαι) außer acht blieb und deshalb τίνας und λόγους über λόγον gesetzt wurde, infolgedessen λόγους an die Stelle von τίνα trat. Or. 1062 geben alle übrigen Handschriften, auch der Korrektor von A und ein ägyptischer Papyrus ἀποδείξω πόλει: es besteht kein Grund mehr mit Kirchhoff die Lesart von A ἀποδεῖξαι πόλει mit ἀποδεῖξαι θέλω zu halten. Phön. 349 will Kirchhoff ἔσοδοι nach A und B schreiben, aber der Plural kommt von der Variante ἐσιγάθησαν, welche der Schol. kennt; diese aber ist aus ἐσιγάθη σᾶς verschrieben. Ebd. 778 gibt A σοὶ μὲν τάδ' αὐδῶ, L σοὶ μὲν τάδ' εἶπον wie auch Hik. 1213. Im Einklang mit den Kirchhoffschen Grundsätzen will Nauck an beiden Stellen αὐδῶ schreiben; aber da an der ersten Stelle alle Handschriften mit L übereinstimmen, ist αὐδῶ dem Einfluß von 568 zuzuschreiben. Für Hipp. 809

*ἐκλύσαθ' ἁρμούς, ὡς ἴδω δυσδαίμονα*
*γυναικός, ἥ με κατθανοῦσ' ἀπώλεσεν*

setzt man gewöhnlich den in L wie in aB nach 824 herumirrenden Vers ἐκλύεθ' ἁρμοὺς ὡς ἴδω πικρὰν θέαν ein. Es kann kein Zweifel sein, daß der Genitiv γυναικός von πικρὰν θέαν abhängig ist. Trotzdem erscheint die gewöhnliche Auffassung, in welcher auch Nauck bei der Tilgung von 810 befangen ist, nicht als richtig. Der Text ἐκλύσαθ' ἁρμούς, ὡς ἴδω δυσδαίμονα (Neutr. Pl.) hat neben sich den Paralleltext ἐκλύεθ' ἁρμούς, ὡς ἴδω πικρὰν θέαν γυναικός, ἥ με κατθανοῦσ' ἀπώλεσεν. Wie L hat auch A Lesarten aufzuweisen, welche dieser Handschrift eine privilegierte Stellung verbürgen.

Der Grund ergibt sich aus dem Schol. zu Hek. 225, wo A οἶσθ' οὖν ὃ δρᾶσον (mit εις über ον), L mit E δράσεις bietet: τὰ καλὰ τῶν ἀντιγράφων δρᾶσον ἔχει. Wir haben schon oben τεθίξεται kennen gelernt. Sehr bedeutsam ist τί οὖν Hek. 820 für πῶς οὖν (s. unten). Or. 390 gibt L mit G a E τὸ σῶμα φροῦδον, τὸ δ' ὄνομ' οὐ λέλοιπέ με, nur A hat mit B οὐ λέλοιπέ μοι, was auf ἐλλέλοιπέ μοι führt. Fein hat A Or. 946 μόλις δ' ἔπεισε μὴ πετρούμενος θανεῖν, während alle anderen πετρουμένους bieten. Auch der Lesart von A (und a E) Or. 945 ἠγόρευε, wofür in L G B ἠγόρευσε steht, ist Anerkennung zu zollen, wiewohl diese Vertauschung nicht selten ist. Hipp. 349 κεχρημένοι A (eine Frau spricht von sich in der Mehrzahl), κεχρημέναι L. Überraschend ist der Text von A in Or. 729 θᾶσσον ἤ με χρῆν προβαίνων ἱκόμην, προάστεος σύλλογον πόλεως ἀκούσας, τὸν δ' ἰδὼν αὐτὸς σαφῶς. Da πρὸ ἄστεος unmöglich ist, hat nur die Lesart aller anderen Handschriften δι' ἄστεος Beachtung gefunden, obwohl der Sinn „als ich vor der Stadt von der gegen dich gerichteten Volksversammlung hörte, die ich dann selber deutlich sah, ging ich schneller als mir gut war" dem Zusammenhang durchaus angemessen erscheint. Für προάστεος bietet Alk. 836 wie Soph. Frg. 654 γῆς προαστίας die Form προάστιος. Phön. 186, wo das regierende Verbum fehlt, führt μυκηνηίσι von A auf Μυκήναις φησίν. L hat μυκήναισιν. Hipp. 144 hat A φοιτᾷς, die anderen φοιταλέον. Bedeutsam ist ebd. 284 εἰς πᾶν, während L das vulgäre ἐς πάντ' bietet. Ein besonderes Lob verdient A bei Phön. 301 ff., wo der in A überlieferte Text φοίνισσαν βοὰν κλύουσ', ὦ νεάνιδες, γηραιῷ ποδὶ τρομερὰν ἕλκω ποδὸς βάσιν in den anderen Handschriften erweitert ist und durch die Form von zwei Trimetern φοίνισσαν, ὦ νεάνιδες, βοὰν ἔσω | δόμων κλύουσα τῶνδε γηραιῷ ποδὶ | τρομερὰν ἕλκω ποδὸς βάσιν die Interpolation deutlich verrät. Die Emendation muß von A ausgehen und da ποδὸς βάσιν feststeht, ergibt sich γηραιοῦ und für das überhängende ποδί wird durch Hek. 65 κἀγὼ σκολιῷ σκίπωνι χερὸς διερειδομένα wie durch den Sinn, der durch ἕλκω angezeigt ist, die Verbesserung σκίπωνι nahegelegt.

So wird mit leichter Änderung des Textes von A φοίνισσαν βοὰν κλύουσ', ὦ νεάνιδες, γηραιοῦ σκίπωνι τρομερὰν ἕλκω ποδὸς βάσιν die heikle Stelle glatt erledigt. Phön. 560 πότερα τυραννεῖν ἢ πόλιν σῴζειν θέλεις gibt A σώσειν, alle anderen σῶσαι, ebd. 783 προσευχόμεσθα τήνδε διασῴζειν πόλιν hat A προσευχόμεθα und διασώζειν, die anderen προσευξόμεσθα und διασῶσαι. A folgt also zwei- bzw. dreimal nicht der Manier der handschriftlichen Überlieferung, welche diejenigen verkennen, die σῶσαι schreiben; προσευξώμεσθα ist glücklicherweise durch das Versmaß ausgeschlossen. Ebd. 572 hat δή von AB auf Διί geführt, während die anderen δορός bieten. Andr. 130 hat A τᾶς ποντίας θεοῦ, L τᾶς ποντίου θεᾶς: A richtiger, da θεά ein Personenname ist. Vgl. Ἀργείας θεοῦ Tro. 23. Phön. 1438 hat A allein δύσθνητον, die anderen δύστλητον. Hek. 487 gibt A ξυγκεκλημένη, d. i. ξυγκεκλημένη, die anderen συγκεκλεισμένη. Phön. 885 geben alle Handschriften εἰ μὴ λόγοισι τοῖς ἐμοῖς τις πείσεται, nur hat A λόγοις, wovon Porson zugunsten seiner Beobachtung über die Bildung des fünften Fußes Anlaß genommen hat εἰ μὴ λόγοις τις τοῖς ἐμοῖσι πείσεται herzustellen. Phön. 912 gibt, der Text von A ἃ δρῶντες ἂν μάλιστα σώσαιμεν πόλιν Καδμείων den Ursprung des unechten Verses aus 864 richtig an, während die übrigen (LPaBE) mit σώσαιτε Καδμείων πόλιν den Vers unter Weglassung von μάλιστα korrigieren wollen. Andr. 23 ζῶντος γέροντος σκῆπτρον οὐ θέλων λαβεῖν scheint nicht ohne Grund in A zu fehlen; er ist überflüssig. Das gleiche gilt von ebd. 1075. Die Unechtheit wird durch 1151 bestätigt.

Zu A und L gesellt sich als maßgebende Handschrift a = Paris. 2713. Von dieser bemerkt R. Prinz: codici optimo Marciano in Hecuba, Oreste, Phoenissis (d. h. in der byzantinischen Trias) simillimus. Auch im Hippolyt steht sie A sehr nahe und vertritt A für den Schluß, der in A fehlt. Nur für die Andromache, in welcher sie auch Lücken aufweist, bedeutet sie weniger. Daß sie auf die gleiche Quelle wie A zurückgeht, beweist der Ausfall von Hek. 756—758 in beiden. Großen Wert gewinnt sie für die zwei Stücke, welche in A fehlen, **Alkestis und Medea**, besonders nachdem Vitelli in den Stud. It. di Filol. cl. IX S. 298 sie dem XI. oder sogar der zweiten Hälfte des X. Jahrhunderts zuweist, sie also als die älteste Handschrift des Euripides erklärt. Vitelli will ihr ob dieses Alters noch keine größere Autorität zuerkennen; zu ihrer richtigen Einschätzung können folgende Lesarten dienen. In der Hypothesis des Hippol. hat a allein die richtige Zahl πζ', 132 fehlt κοίτᾳ in A, nicht in a, 178 bietet a mit LB λαμπρόν richtiger als AE λαμπρός, 271 gibt a mit anderen richtig ἐλέγχους, A ἐννέπουσα, 316 φέρεις a mit B, φορεῖς A, 379 τόδε a mit L, 464 ἡμαρτηκόσι a mit LB, ἡμαρτηκότας A (korr. A²), 470 ἐκνεῦσαι a mit L, ἐκπνεῦσαι AB, 532 τᾶς ἀφροδίτας a mit L u. a., τῆς ἀφροδισίας A, 716 δή τι a mit L, δῆτα A, 895 Ἄιδου δόμους a mit L u. a., Ἄιδου πύλας A, 1004 κοὐκ a mit L, οὐκ A, 1047 δυστυχεῖ a mit L, δυσσεβεῖ A, 1153 ποῖ ... τῆσδε a mit L, ποῦ ... τόνδε A, 1198 χῶρον a mit L, χῶραν A. In den Phön. sind folgende Stellen beachtenswert: 114 κλήθροις a, κλείθροις die übrigen, 134 ἄρη a mit G, ἄρην die anderen, 191 χρυσεοβόστρυχον a mit L, χρυσεοβόστρυχε A u. a., 201 ἀλλήλας a mit L (ἀλλήλας λέγειν), ἀλλήλαις A u. a., 349 εἴσοδος a mit L, εἴσοδοι A, 687 πυρφόρους a mit L, πυροφόρους A, 835 ναυβάταισιν a, ναύταισιν A, 1010 μελανβαθῆ a mit L, μελανβαφῆ A, 1038 ἐπωτότυζε a, ἐπετότυζε A, ἐπεττότυζε L, 1177 πετρούμενος a mit L u. a., πτερούμενος A, 1240 κἄν a mit G, καὶ AL u. a., 1245 ἀρίστης a, ἀριστῆς A für ἀριστῆς, ἀριστεῖς L u. a., 1463 πολυνείκη a, πολυνείκην AL u. a., 1634 ἄκλαυτον a mit L, ἄκλαυστον A u. a. Vortrefflich ist die Lesart, welche 1553 τρισσαὶ ψυχαὶ ποίᾳ μοίρᾳ πῶς ἔλιπον φάος in a über ποίᾳ μοίρᾳ steht: γρ. μιᾷ μοίρᾳ. Es ist unverzeihlich, daß diese evidente Lesart keine Beachtung gefunden hat: μιᾷ steht in Gegensatz zu τρισσαί, während ποίᾳ μοίρᾳ neben πῶς überflüssig ist. Nachdem A nicht mehr die gleiche Autorität besitzt, wird sich 751 die Lesart von A ὄνομα δ' ἑκάστου διατριβὴν πολλὴν ἔχει gegenüber der Lesart aller anderen Handschriften (aL u. a.) ὄνομα δ' ἑκάστου διατριβὴ πολλὴ λέγειν nicht halten lassen. Im Or. gibt a allein 323 αἵματος τινύμεναι δίκαν, τινύμεναι φόνου für φόνον und mit E 1005 δράμημα, A δραμήματα, die anderen fehlerhaft δρόμημα, 992 mit ELB λευκοκύμοσι, A mit B λευκοκύμασι, 1477 mit P χεροῖν, A mit L χερσίν. 1236 hat a allein ἐπεκέλευσα, welches dem richtigen ἐπενεκέλευσα näher steht als ἐπεβούλευσα. In der Hekabe gibt a 900 die bedeutsame Lesart οὐρίους πνοάς, AL οὐρίας. 820 gibt a mit A τί οὖν für πῶς οὖν und nunmehr ist es gestattet im folgenden Vers οἱ μὲν γὰρ ὄντες παῖδες οὐκέτ' εἰσί μοι von der nichtssagenden Lesart von A und L γὰρ ὄντες, die nur das unnötige γάρ in den Vers gebracht hat, abzugehen und die sehr passende Lesart von a τοσοίδε zu bevorzugen (EP τοσοῦτοι). In der Medea, in welcher gewöhnlich der Vatic. 909 (B) als Vertreter der mit Scholien ausgestatteten Handschriften gilt, stimmt a zwar gewöhnlich mit B überein, bekundet aber seinen Vorzug durch folgende Lesarten: 307 a mit L ἔχει μοι, B ἔχοιμι, 651 a στέρεσθαι, B σέβεσθαι, 1040 a ὄμμασιν, τέκνα, B ὄμμασι φίλοις (wie 1038), 1117 a 'προβήσεται (für 'ποβήσεται), LB προβήσεται, 1150 a mit L χόλον νεάνιδος, B νεάνιδος χόλον (Paroxytonon), 1161 a mit L κόμην, B δέμας, 1186 a mit L πλόκος, B κόσμος, 1189 a allein λευκήν, LB λεπτὴν, 1248 a mit L λαθοῦ, B λαβοῦ, 1392 a mit L ξειναπάτα, B ξειναπάτου, 1404 a ἔπος, B δ' ἔπος, L λόγος. Die Worte δέσποιναν ἐμήν 185 fehlen in a und mit Recht erklärt sie Elmsley als überflüssig. Vor allem aber hat a V. 1121 ausgelassen, den Lenting als interpoliert erkannt hat. Nunmehr wird die Lesart von a 1284 ἐξέπεμπε für ἐξέπεμψε zu ihrem Rechte kommen, welche ebensowenig wie πέμπεν Hom. Σ 240 oder Öd. K. 298, wo in L ἔπεμψεν zu ἔπεμπεν verbessert ist, gewürdigt wird, weil man den besonderen Gebrauch des Imperfekts von πέμπω verkennt. Die Lesart von a 926 εὖ γὰρ τῶνδε νῦν θήσομαι πέρι (LB εὖ γὰρ τῶνδ' ἐγὼ θήσω πέρι) hat schon R. Prinz als wertvoll erkannt, der darin εὖ τὰ τῶνδε θήσεται πατήρ gefunden hat (noch näher der Überlieferung Earle θήσομαι πατήρ). Nicht leicht ist die Entscheidung über 531, wo a BE und der Korrektor am Rande von L Ἔρως σ' ἠνάγκασε τόξοις ἀφύκτοις τοὐμὸν ἐκσῶσαι δέμας schreiben, während L πόνων ἀφύκτων gibt, welche Lesart auch der Schol. von B kennt. Beide Lesarten sind an und für sich einwandfrei und auch die Worte der Artemis Hipp. 1422 τόξοις ἀφύκτοις τοῖσδε τιμωρήσομαι können nicht gegen τόξοις ἀφύκτοις sprechen. Die Entscheidung gibt, wie es scheint, nur der psychologische Grund, daß Jason eher Anlaß hat von den unentrinnbaren Pfeilen des Eros, welche Medea bezwungen haben, als von den unentrinnbaren Gefahren, aus den ihn Medea gerettet habe, zu sprechen. So wird hier a auch vor L den Vorzug haben. In der Alkestis zeichnet sich a durch folgende eigene Lesarten aus: 213 τίς ἂν πᾷ (τίς ἂν πῶς πᾶ B, τίς ἂν πῶς * * L), 285 θεσσαλῶν (θεσσαλὸν LB), 451 παννύχου σελάνας (παννύχους σελάνας oder σελήνας LB), 546 τῷδε δωμάτων (τῶνδε δωμάτων LB), 1038 ἀθλίους τύχας (ἀθλίου LB), 1077 ὑπέρβαλ' (ὑπέρβαιν' LB), 1154 πάσῃ (πᾶσι LB). Vor B hat a den Vorzug 125 ἕδρας σκοτίους (B σκοτίας), 140 βουλοίμεθ' ἂν (B βουλοίμεθα), 151 μακρῷ (B μακρῶν), 200 σφε (B γε), 221 μηχανήν τιν' (B μηχανὴν ἥντιν'), 262 ῥέξεις (B πράξεις), 512 πρέπεις (B τρέπεις), 594 ἱππόστασιν (B ὑπόστασιν), 647 μόνην (B ἐμόν), 732 ἄκαστος οὐκέτ' ἔστ' ἐν ἀνδράσιν (B ἄκλαυστος οὐκ ἔστ' ἐν ἀνδράσιν ἔτι), 880 πιστῆς (B φιλίας), 820 τι φροῦδον (L τις φροῦδος, B τι φροῦδον γένος, doch ist γένος wieder getilgt), 986 φθιμένους (B φθινομένους), 1009 μομφὰς (B μορφὰς), 1058 ἐλέγξῃ (B ἐλέγχῃ), 1066 ὁρᾶν (B ὁρῶν), 1156 προστροπαῖς (B προτροπαῖς). Sehr zugunsten von a spricht 289, wo man gewöhnlich nach L und P οὐδ' ἐφεισάμην ἥβης ἔχουσα δῶρ' (so P, δῶρον L) ἐν οἷς ἑτερπόμην schreibt und ἥβης, das doch zu ἐφεισάμην gehört, mit δῶρα verbindet. B gibt ἔχουσα δῶρ' ἐν οἷς ἑτερπόμην ἐγώ, worin das überschießende ἐγώ wieder getilgt ist. Richtig gibt a ἔχουσ' ἐν οἷς ἑτερπόμην ἐγώ. Das erklärende δῶρον, in δῶρα korrigiert, kam also in den Text und führte die Streichung von ἐγώ herbei. Alk. 433 f. macht ἀξία δέ μοι τιμῆς L (τιμᾶν aB), ἐπεὶ τέθνηκεν ἀντ' ἐμοῦ μόνη (L, μόνην B) durchaus den Eindruck einer Erweiterung. Nauck wollte ἐπεὶ τέτληκεν ἀντ' ἐμοῦ θανεῖν schreiben, da μόνη zwecklos steht. Nun bietet a λίαν

Textkritische Studien zu den griechischen Tragikern. 61

für μόνη: einen Sinn gibt ἀξία λίαν, wenn 434 wegbleibt. Für θνῄσκειν gibt 672 a allein θανεῖν, vielleicht richtig. Ebenso ist 1111 οὐκ ἂν μεθείμην σοῖς γυναῖκα προσπόλοις von a nicht unpassend, doch ist der allgemeine Gedanke μεθείην τὴν γυναῖκα „gemeinen Dienern kann man nicht das Weib überlassen" dem Zusammenhang entsprechender. Auch mit θυραῖος für οἰκεῖος 811 hat a den Sinn verdorben. In 708 gibt L mit B λέξαντος, ein Mißverständnis. Pheres ist auf weitere Reden des Sohnes gefaßt. Mit Recht hat Reiske λέξοντος verlangt; λέγοντος von a und λέξοντος ist eine gewöhnliche Vertauschung, z. B. Hek. 519. In 1055 hat F. W. Schmidt θάλαμον ἐμβήσας nach a θάλαμον εἰσβήσας hergestellt: die anderen haben den metrischen Fehler εἰς θάλαμον βήσας. In 1153 hat B νόστιμον δ' ἔλθοις ὁδόν, L νόστιμον δ' ἔλθοις δόμον, a νόστιμον δ' ἔλθοις πόδα mit γρ. δόμον und γρ. καὶ ὁδόν. Davon scheidet δόμον ohne weiteres aus. Die minder gewöhnliche Lesart πόδα wird durch βαίνω πόδα, ἐμβήσῃ πόδα, ἐκβὰς τεθρίππων Ὕλλος ἁρμάτων πόδα empfohlen.

Für mehrere Stücke (abgesehen von den Tro., die im Laur. fehlen, und den Bakchen) habe ich in den Beitr. z. Krit. des Eur. V, Münch. Sitzb. 1899, II S. 297 ff., gestützt auf Angaben oder gütige Mitteilungen von Prinz, Vitelli, Heisenberg **die direkte Abhängigkeit des Palat. 287 (P) und seines zweiten Teils, des Laur. 172 (G) vom Laur. 32, 2 (L)** durch Faksimiles sozusagen ad oculos demonstriert. Radermacher hat in den Gött. Gel. Anz. 1899 S. 692 die zwingende Beweiskraft meiner Darlegung bestritten und G. Murray will in der Vorrede seiner Ausgabe manche Stellen anders lesen. Ohne die Frage besserer Augen und technischer Übung zu berühren will ich einen kurzen Nachtrag liefern. Heraklid. 899 „τελεσιδώτειρ' L sic scr. ut facile τελευσιδώτειρ' legas, τελευσιδώτειρ' P" hat Murray aus meiner Ausgabe aufgenommen. Hel. 1317 „αὐγάζων sic scr., ut γ similis sit λ, L, αὐλάζων G" hat wieder ebenso Murray; Hik. 64 ist δεξιπύρους in L so geschrieben, daß man leicht δελιπύρους lesen kann, δελιπύρους P, Herk. 902 steht in L πρᾶ auf einer Rasur in solcher Form, daß man versucht ist παῖ zu lesen, παῖ G. Woher sollen diese sinnlosen Lesarten stammen? Jon 335 wurde in λέγοις ἄν· ἡμεῖς τ' ἄλλα προξενήσομεν, weil man τἄλλα verkannte, δ' über τ' gesetzt: in P ist δὲ τ' ἄλλα daraus geworden, wie 1347 für τότε, wo in L δε über τε steht, P τόδε τε gibt. Es ließe sich nicht verstehen, wie El. 536 in G die vox nihili δένοιτ' entstanden ist, wenn man nicht erführe, daß in L der erste Buchstabe von γένοιτ' erst durch den Korrektor hergestellt ist. Schließlich kann die ganze Frage durch einen Tintenklex entschieden werden. El. 245 nämlich hat G in ἀπὼν ἐκεῖνος, οὐ παρὼν ἡμῖν φίλος das sinnlose εἰπὼν für ἀπών. Den Klex an α von ἀπών gibt auch Murray zu.[1]) Hier kann man sich nicht auf den gleichen archetypus berufen. Das gilt auch von El. 730, wo in L ἀοῦς so geschrieben ist, daß der Schreiber von G εὐθῦς (mit diesem Akzent!) las. El. 1235 hat L γ' nicht am Schlusse (θνητῶν γ'), sondern am Anfang der folgenden Zeile. Infolgedessen hat P γ' ausgelassen. Ebenso hat Iph. T. 898 der Korrektor von L φανεῖ am Schluß der Zeile radiert und an den Anfang der folgenden Zeile gesetzt. Wieder hat deshalb der nachlässige Schreiber von P φανεῖ ausgelassen und damit zu verschiedenen unnützen Konjekturen Anlaß gegeben. Man sieht, welche Bedeutung es hat das Verhältnis der beiden Handschriften richtig zu beurteilen.

Die Abweichungen von L, die sich in P (G) finden, sind meist fehlerhaft. Sie beruhen auf Versehen wie ἐρέξομαι für ὀρέξομαι oder πῶς für παῖς Hel. 62, wo in L αι von παῖς undeutlich geworden ist. Sie liefern lange nicht soviel Brauchbares wie die Pariser Abschriften des L. Verbesserungen wie μεμπτόν für μεπτόν Hel. 462 oder κυκλωπίαν für κυκλωπείαν Herk. 15, φίλον für φίλου 228, μηλοφόρων für μηλοφόρον 396 bedeuten wenig. Mehr würde κατὰ σὲ für καὶ σὲ Herk. 1045

---

[1]) Es müßte denn ein ähnlicher Fall vorliegen wie Jon 1580, wo die Prinzsche Kollation angibt: ἀργαλῆς (scr. o super α l) und Murray bemerkt: ὀργαλῆς suprascr. L: wie es dort super α, nicht super ά heißt, ist natürlich das zweite α zu verstehen, so daß sich ἀργολῆς, nicht das rätselhafte ὀργαλῆς ergibt.

besagen, aber die Buchstaben ι σ rühren vom Korrektor her, L hatte also ursprünglich ebenso κατὰ σέ wie G. Ebenso verhält es sich mit εἰσβῶμεν σκάφος Hel. 462 für εἰσβῶμεν εἰς σκάφος: vor σκάφος ist in G eine Rasur von zwei Buchstaben; es hatte also G gleichfalls εἰσβῶμεν ἐς σκάφος und hat erst der Korrektor von G das Versmaß hergestellt. In G fehlt wie in L der Vers Hel. 561 wegen des gleichen Anfangs Ἑλληνίς. Das Versehen fällt dem Schreiber von L zur Last. Denn in G sind öfters Verse ausgelassen, die L gibt, während der umgekehrte Fall nicht vorkommt (die Bakchen, wo in L 14 fehlt, kommen hier nicht in Betracht).

Wie die Korrektoren manchmal nach eigenen Heften ändern, kann Herk. 676 zeigen. Weil L ἤ (für μὴ) ζῴην μετ' ἀμουσίας gibt, hat der Korrektor ohne Rücksicht auf das Versmaß εὐμουσίας gesetzt. Diese Verschlimmbesserung erinnert lebhaft an die Änderung, welche Triklinios Äsch. Ag. 1009 mit ἐπ' αὐλαβείᾳ vorgenommen hat, wofür er ἐπ' ἀβλαβείᾳ γε setzte, während ἐπ' εὐλαβείᾳ richtig ist. Ebenso sieht der Metriker, der Jon 457 um der Responsion willen πότνα für μάκαιρα gesetzt, 479 γ' eingefügt, 486 θαλάμων τ' εἶεν umgestellt, 467 ergänzt, 487 γε getilgt hat, einem Triklinios ähnlich. Hieher gehört auch die Abzählung respondierender Partien. Über Hel. 1337 hat der Korrektor von L περισσόν geschrieben. Er hat diesen Vers der Strophe gegenüber als überzählig gefunden. Vielmehr fehlt ein Vers in der Strophe nach 1317. In gleicher Weise hat derselbe Korrektor ebd. 1495 eingeschlossen und περισσόν hinzugefügt. Überzählig ist hier nur 1463 und wieder hat Heath die entsprechende Lücke nach 1476 entdeckt. Hiket. 806 hat der Korrektor von L mit λείπει und 819 mit περισσόν den Mangel der antistrophischen Responsion notiert. Aus dem gleichen Grunde hat er ebd. 813 σφαγέντ' in σφαγέντα τ' geändert; das ursprüngliche σφαγέντας hat Fritzsche gefunden. Alk. 1072 fehlt ὥστε σὴν in L, was L mit λείπ(ει) notiert hat, P hat dafür ἐκ θεοῦ erfunden. Jon 174 χωρῶν δίναις ταῖς Ἀλφειοῦ παιδουργεῖ hat sich der Korrektor durch das nachfolgende ἢ νάπος nicht belehren lassen, daß es χωρῶν δίνας τὰς heißen muß. Der Vogel würde in den Strudeln des Alpheios nisten. An Herk. 301 ῥᾷον γὰρ αἰδοῦς ὑπολαβὼν φίλ' ἂν τέμοις — so steht der Vers noch in der neuesten Ausgabe, ist aber evident in ῥᾷον γὰρ αἰδοῦς ὑποβαλὼν φίλ' ἂν τύχοις verbessert — hat sich der Korrektor von L mit der schlechten Konjektur φίλ' ἂν τελοῖς versucht, was auch der Korrektor von G eingetragen hat. Zu Herk. 149 ὡς σύγγαμός σοι Ζεὺς τέκοι νέον hat der Korrektor von L λείπει beigeschrieben, der von G hat sich wieder beeilt die Lücke mit dem sinnlosen γόνον auszufüllen (nur τέκοι κοινὸν γόνον wäre möglich). Ebd. 1103 steht in L πτερόν auf einer Rasur, ursprünglich hatte also L πέτρον, was Brodeau wieder gefunden hat, G gibt auch das sinnlose πτερόν. Ebd. 1276 „κεὶς LG, sed εἰ in lit. scr. l", also hatte L das richtige, öfters veränderte κἀς. Hiket. 344 gibt L τεκοῦσ' * ὑπερορρωδοῦσ', P τεκοῦσα χ' ὑπερορρωδοῦσ', l und p τεκοῦσα σὺ χ' ὑπερορρωδοῦσ'. Hiernach hatte L ursprünglich ebenso wie P das richtige τεκοῦσα χ' ὑπερορρωδοῦσ'.

Der mechanische[1]) Schreiber von P (G) irrte gern bei Abbreviaturen. So hat er Iph. T. 11 ἑλληνικ" für ἑλληνικὴν statt ἑλληνικὸν (στόλον) genommen, ebd. 610 ist ὀρθὸς in L mit dem compendium von ως über ὸς zu ὀρθῶς verbessert, P hat ὀρθὸς festgehalten. El. 842 steht in L über dem ν von ἥδον das compendium von ἀν, aber so geschrieben, daß man leicht ἧς lesen kann, P gibt ἡδονῆς. Daß P Iph. T. 1006 mit γυναικός das Richtige bietet, verdankt die Handschrift nur dem compendium von ῶν in γυναικῶν, Iph. A. 399 führt das compendium in L auf ἐγεινάμην, P gibt ἐγείναμεν; Heraklid. 704 bedeutet das compendium in L μέν, P hat μή, Kykl. 106 ist in L das compendium von πάρει so geschrieben, daß man leicht πάρα lesen kann, πάρα hat P. Den Zusammenhang von L und P kennzeichnet in eigener Weise der überlieferte Text in Iph. A. 1416: L und P haben nach λέγω τάδε die Überschrift λείπει, von zweiter Hand ist in beiden Handschriften der Tri-

---

[1]) Iph. T. 1028 hat er διεφάρμεσθα geschrieben, weil in L das erste θ von διεφθάρμεσθα undeutlich ist.

meter ausgefüllt mit dem ungeeigneten Zusatz οὐδὲν οὐδέν'
εὐλαβουμένη. Diese Interpolation geht von L aus; denn in L
ist λείπει radiert. Das Verhältnis von L und P (G) stellt
sich nur in den Stücken anders dar, in denen die
Handschriften mit Scholien vorlagen, vor allem in
der byzantinischen Trias, in denen besonders A Einfluß auf P (G) gewonnen hat; nirgends aber (von den
Troades und den Bakchen abgesehen) bietet diese
Handschrift eine Lesart, die auf eine ältere Quelle
hinwiese. So läßt die Hekabe zwar auch eine ursprüngliche
Übereinstimmung von G mit L erkennen (z. B. 256 φροντίζετε LG,
die anderen γιγνώσκετε, 356 θεῇσι LG, d. a. θεοῖσι, 691 ἀδάκρυτον ἀστένακτον LG, d. a. ἀδάκρυτος ἀστένακτος, 778 ἁλὸς LG,
d. a. ἀκτῆς, 826 σῇσι πλευραῖς LG, d. a. σοῖσι πλευροῖς oder
σαῖσι πλευραῖς, 1188 γλῶτταν LG, d. a. γλῶσσαν), aber es macht
sich eine Hand bemerklich, welche nach der anderen Handschriftenfamilie oder um des Versmaßes willen geändert oder
Ausgelassenes ergänzt hat, z. B. 93 ἤλυθ' G, ἤλυθε γὰρ L,
ἦλθ' die anderen, 167 ἀπωλέσατε ὠλέσατε G, ἀπωλέσατ' ἀπωλέσατ' L, ἀπωλέσατ' ὠλέσατ' d. a., 193 μάνυσον G, μάνυσον
μοι L, μάνυσον d. a., 211 δύστανε G, δυστάνου βίου L, δυστάν⟨ου⟩ A (richtig), δύστανε die meisten, 227 παρουσίαν κακῶν G. u. d. a., κακῶν παρουσίαν L (Paroxytonon!), 292 τοῖς
γε δούλοις G, τοῖς δούλοισιν L, τοῖς δούλοις A, richtig τοῖσι
δούλοις andere, 396 θυγατρὶ συνθανεῖν ἐμέ G, συνθανεῖν ἐμὲ
θυγατρὶ L (unmetrisch!), 432 und 440 fehlt μ', 469 ἓν, 638 καὶ,
998 und 1244 οὖν, 1281 ἓν in L, in G nicht, 433 γ' G wie
die anderen, μ' L, 512 ἀλλὰ G wie die anderen, ἀλλ' ὡς L,
519 λέγων G wie d. a., λέξων L, 565 εὐτρεπὴς (τ aus π korr.) G
wie d. a., εὐπρεπὴς L, 600 θρεφθῆναι G wie d. a., τραφῆναι L
(unmetrisch!), 606 ἕν τοι G wie d. a., ἐν γὰρ L, 809 τύραννος
ἦν ποτ' G wie d. a., δέσποινα γάρ ποτ' L, 821 οἱ μὲν τοσοῦτοι G
wie E, οἱ μὲν γὰρ ὄντες L wie A, 842 παράσχες G vor der
Rasur (wie A?), πάρασχε L, 880 κεκεύθουσ' G, κεύθουσ' L,
κεκεύθασ' 1 wie d. a., 890 πλαθεῖσα G wie Aa, πλασθεῖσα L,
966 συμπιτνεῖ G wie d. a., συμπίπτει L, 1129 δὲ καρδίας G

wie d. a., δ' ἐκ καρδίας L. Für sich allein hat G 581 εὐγονωτάτην für εὐτεκνωτάτην und 620 εὐγονώτατε für εὐτεκνώτατε. Das Wort εὔγονος kommt bei den Tragikern nicht vor. Richtig bietet G mit dem Schol. 88 κασάνδραν für κασάνδρας, 332 πέφυκ' ἀεί für πεφυκέναι, 570 κρύπτουσ' für κρύπτειν, 1159 χερῶν (?) für διὰ χερός, außerdem 265 προσφάγματα für πρόσφαγμα, wie das Versmaß fordert, ἄγ' οὖν μ' für ἄγου μ', 1194 ἀπώλοντ'· οὗτις mit dem cod. Marc. 507 für das unmetrische ἀπώλοντο κοῦτις. Or. 1435 geben die anderen Handschriften συστολίσαι, L hat (fehlerhaft) στολίσαι, P συστολῆσαι. Der Einfluß tritt noch besonders in den Phön. zutage: in A ist 964 das σ von προσθεῖναι unsichtbar geworden, nur G gibt προθεῖναι, 1529 steht in A γρ. δισσῶν über νεκρῶν, G allein gibt δισσῶν, 783 hat G mit A die wertvolle Lesart διασώζειν, in allen anderen Handschriften steht διασῶσαι, 793 steht in A über ἅρμασι: λείπει τὸ ἀλλά, G hat ἀλλ' ἅρματι, 803 hat G allein mit A μήποτε doppelt, 835 hat G allein mit A ναύταισιν für ναυβάταισιν (wahrscheinlich hatte hier auch L ursprünglich ναύταισιν, denn in seinem ναυτίλοισιν steht τίλοισιν auf einer Rasur), 843 hat A κάμνοι, in G ist κάμνοι in κάμνει verbessert, 871 hat G mit A und a κἀπόδειξις für κἀπίδειξις und 874 γέρας für γέρα, 134 hat G mit a ἄρη (A hat von erster Hand ἄρ), 279, wo L gegen das Metrum προσπελάζετε bietet, gibt G mit den anderen πελάζετε, 335 gibt G mit Aa und l ἀλαλαῖσι (BELg ἀλαλαγαῖσι), 1302 ἰαχὰν στενακτὰν mit c aus 1300, 1405 συμβαλόντε mit c (συμβάλλοντε A, συμβαλόντες aBEL), 1717 παρθένων· mit c (παρθένων δή die anderen), 1729 οὐράνιον ohne τ' mit Ec. Den unechten Vers 1282 hat G wie c ausgelassen, a hat das Scholion ἐν πολλοῖς οὐ φέρεται. Richtig hat G allein 577 γένοιθ' ὑφ' Ἑλλήνων (die anderen γένοιτ' ἂν ὑφ' Ἑλλήνων), 578 ὑπερδράμῃ nach dem Schol. ὑπερτέρα γένηται, 888 κἀνατρέψοντας mit a, wo κἀνατρέψαντας steht (AL u. a. bieten κἀναστρέψοντας), 1578 ἔβαψεν nach dem Schol. γρ. ἔβαψεν (A ἔβαλεν, die anderen ἔπεμψεν), 1601 πεφυκέναι mit E und dem Schol. γρ. πεφυκέναι (AaBL δυσδαίμονα), 1725 δεινὰ δεῖν' ἐγὼ τλὰς (δεινὰ ἐγὼ τλάς AaB, ἐγὼ δεινὰ τλάς EL), 1762 ἀλλά γὰρ τί (die anderen ἀτὰρ τί, in a ist ἀλλά über ἀτὰρ nachgetragen). P (G) ist also keine maßgebende Handschrift. Sie leistet uns öfters den Dienst, daß wir erfahren, was in L unter einer Rasur vorhanden war. Darum sind alle Textänderungen, die sich auf diese Handschrift stützen, von vornherein bedenklich oder ganz unsicher. Wenn Phön. 576 die anderen Handschriften μήποτ᾽, ὦ τέκνον, κλέος τοιόνδε σοι γένοιτ᾽ ἄν ὑφ᾽ Ἑλλήνων λαβεῖν bieten, so hat bloß das Versmaß die Verbesserung γένοιθ᾽ ὑφ᾽ Ἑλλήνων veranlaßt, die Änderung Valckenaers γένοιτ᾽ ἄν᾽ Ἕλληνας hat keine Berechtigung; γένοιτ᾽ ἄν für γένοιτο ist ein gewöhnlicher Fehler schon im Homerischen Text, während eine Änderung wie die von γένοιτ᾽ ἄν᾽ Ἕλληνας in γένοιθ᾽ ὑφ᾽ Ἑλλήνων der Überlieferung von P (G) fernliegt. Herk. 1089 gibt L ἔμπους und G mit dem Korrektor von L ἔμπνους. Dieses ἔμπνους entspricht nicht dem Sinne; denn Herakles war vorher am Leben. Nur Wahnsinn hatte ihn überwältigt wie in den Bakchen die Agave. Er muß also mit ἔννους μέν εἰμι καὶ δέδορχ᾽ ἅπερ με δεῖ von sich dasselbe sagen, was Bakch. 1270 die aus dem Wahnsinn erwachende Agave sagt: γίγνομαι δέ πως ἔννους μεταστᾰθεῖσα τῶν πάρος φρενῶν. El. 966 hat man der abweichenden Lesart von P διηρίθμιζε Wert beigelegt und Seidler hat διέρρυθμιζε vermutet. Aber dem tadellosen διηρίθμησε gegenüber ist die Bedeutung von διερρύθμιζε nicht einwandfrei und διηρίθμιζε beruht nur auf der Aussprache von διηρίθμησε. Rhes. 824 hat die Handschrift B ναυσὶ πυραίθειν Ἀργείων στρατόν. Wie die Responsion zeigt, ist Ἀργείων στρατόν ein erklärender Zusatz. In L ist στρατόν radiert, infolgedessen hat P στρατόν ausgelassen: läge eine Überlieferung vor, die über L hinausginge, so würde auch Ἀργείων fehlen. Heraklid. 825 findet man gewöhnlich die Lesart von P παρήγγειλ᾽ im Text, obwohl παρήγγελλ᾽ von L dem Sinne fast angemessener ist. Mit Recht ist deshalb παρήγγελλ᾽ in der Ausgabe von E. A. Beck festgehalten, da ohnedies die umgekehrte Vertauschung des Imperfekts mit dem Aor. sehr gewöhnlich ist. Jon 526 gibt L οὐ φιλῶ (so Scaliger für ὀφείλω) φρενοῦν ἀμούσους. P hat φρενῶν, was Nauck zu der Änderung φρενῶν ἀμοίρους veranlaßt hat. Die Konjektur ist nicht nötig, wird also durch den Unwert von P nicht gestützt. An der Echtheit von Iph. T. 1441 τῶν νῦν παρόντων πημάτων ἀναψυχάς braucht man deshalb, weil der Vers in P fehlt, nicht mehr zu zweifeln. Markland hat ihn getilgt, weil auch Hipp. 600 der Vers τῶν νῦν παρόντων πημάτων ἄκος μόνον und Hik. 615 der Ausdruck κακῶν ἀναψυχάς vorkommt. Der Vers ist an seiner Stelle ganz am Platz. Der Korrektor von P hat Hiket. 324 αἱ δ' ἥσυχοι σκοτεινὰ πράσσουσαι πόλεις σκοτεινὰ καὶ πράσσουσιν εὐλαβούμεναι: πράσσουσαι in πράσσουσιν geändert und diese Änderung wird durch Stob. fl. 29, 50 empfohlen. Deshalb hat Reiske den Relativsatz αἱ ... πράσσουσιν gesetzt. Aber dieses πράσσουσιν rührt von der Vorstellung her, daß αἱ δ' ἥσυχοι σκοτεινὰ πράσσουσιν πόλεις eine selbständige Sentenz sei, wie Stob. auch Jon 605 οἱ τὰς πόλεις ἔχοντες für οἵ ... ἔχουσιν bietet. An αἱ ... πράσσουσαι πόλεις ist nichts zu ändern, nur hat die Verbindung und Stellung den Übergang von ἡσύχως in ἥσυχοι herbeigeführt.

Die Handschrift c (Laur. 31, 10), welche Rhes. 1—714 enthält und von welcher Vitelli mit außerordentlicher Zuvorkommenheit für meine textkritische Ausgabe eine genaue Kollation gefertigt hat, nimmt zwischen den beiden Arten der Handschriften eine Art Mittelstellung ein, indem sie in guten Lesarten bald mit B gegen L, bald mit L gegen B geht. Daß sie von einem byzantinischen Grammatiker hergerichtet ist, zeigt die Umdrehung zahlreicher Versschlüsse wie σπανίζομεν βίον für βίον σπανίζομεν, μαθεῖν φέρω für φέρω μαθεῖν usw. Im übrigen tritt keine willkürliche Änderung zutage. Daß ihr eine Handschrift der ausgewählten Stücke zugrunde liegt, verrät Ἑλλάδος διόπτας in Vers 234, welcher in B am Ende der Seite fehlt, aber auf der folgenden Seite als Scholion ἑλληνικῆς ἑλλάδος διόπτας über θυμέλας steht. Damit hängt es eben zusammen, daß die beiden Worte auch in c fehlen, obwohl deren Ausfall den Sinn zerstört. Ebenso fehlt κώλοις (πώλους

Reiske) sowohl in B wie in c. Die Handschrift hat aber eigene gute Lesarten, die man nicht gern einem Byzantiner zutraut, so 41 ἀργόλας (ἀργέλας LP, ἀργόλαος B), 43 νεῶν (ναῶν die anderen), 122 θράσει (χερί), 179 λαφύρων γ' nach καὶ μὴν (γ' fehlt in den anderen), 205 κλωπικοῖς (κλοπτικοῖς, κλεπτικοῖς), 271 λέγω (λέγεις), 343 εἴργοι (εἴργει, εἴργοις), 412 ὕστερος (ὕστερον), 446 ἄρη (ἄρην), 505 ἰλίου (ἴλιον), 537 ὅδε γ' (οὐδέ γ', ὅδε γὰρ), 549 παιδολέτωρ (ἁ παιδολέτωρ), 560 εἰσπαίσας (εἰσπεσών). Or. 407 geben alle Handschriften ἐκ φασμάτων δὲ τάδε νοσεῖς ποίων ὕπο; Nur c bietet φαντασμάτων, womit die eine Präposition beseitigt ist. So gewinnt c eine gewisse Autorität. Diese hat man z. B. im Rhesos bei σκαιοὶ βοτῆρές ἐσμεν· οὐκ ἄλλως λέγω („ich widerspreche nicht") 271 nicht beachtet und λέγεις bevorzugt. Auch die Duale, welche c 595 mit λιπόντε und 619 mit κτανόντε bietet, hat man mit Unrecht außer acht gelassen. Besondere Bedeutung hat die gemachte Beobachtung für 130, wo in den anderen Handschriften τήνδ' ἔχω γνώμην, ἄναξ steht, c aber τήνδ' ἐγὼ προθυμίαν bietet („dahin neigt sich mein Sinn"). Daß der Cento Christ. pat. 1916 τήνδ' ἔχω γνώμην ἐγώ bietet, kann wenig für eine schwankende Überlieferung beweisen. Auch 256 scheint ἐπὶ γαίᾳ den Vorzug vor ἐπὶ γαῖαν (B) und ἐπὶ γαίας (LP) zu verdienen und in 702 τίς ἦν πόθεν ἢ τίνος πάτρας; erhält man nach Ausscheidung des unnötigen ἢ den mit 720 ὄλοιτ' ὄλοιτο πανδίκως respondierenden Vers τίς ἦν; πόθεν; τίνος πάτρας; In 92 schließt sich c den anderen Handschriften an, welche δόλος κρυφαῖος ἑστάναι κατ' εὐφρόνην haben. Nur der Korrektor von P hat λόχος übergeschrieben, wie Christ. pat. 94 gelesen hat. Von dieser Vertauschung von δόλος und λόχος ist schon oben die Rede gewesen und daß hier λόχος richtig ist, zeigt ἑστάναι. In 431 scheint die Lesart von c θρῇξ τε συμμιγὴς φόνος mehr willkürlicher, die der anderen Handschriften φόνῳ mehr unwillkürlicher Art zu sein, weshalb die Emendation von Matthiä Θρῃκὶ συμμιγὴς φόνῳ alle Wahrscheinlichkeit für sich hat. Wenn wir c einigen Wert zuerkennen, haben wir auch die Aufgabe in 44 πᾶς δ' Ἀγαμεμνονίαν προσέβα στρατὸς ἐννύχιος θορύβῳ σκηνάν das in c für σκηνήν gebotene rätselhafte θηρ-σκήν aufzuklären. Ich kann darin nur wieder (s. oben S. 18) eine Vermischung von θύραν und σκηνήν sehen, wie 872 die Lesart der Mailänder Fragmente ὁ μαῖκος in meiner Ausgabe aus δόμος und οἶκος abgeleitet ist. In ähnlicher Weise erklärt sich in der Hypothesis des Rhesos die vom cod. Harleianus gelieferte, an ihrer Stelle durchaus ungeeignete Lesart κατηντηκότες in Δόλωνα μὲν ἀνῃρηκότες, ἐπὶ δὲ τὴν Ἕκτορος κατηντηκότες σκηνήν: κατηντηκότες rührt her von κοίτην ἥκοντες, wie C κοίτην ἐλθόντες gibt und in B nach κοίτην der Raum für 9 (8) Buchstaben mit ἐλθόντες auszufüllen ist. Nachdem κατηντηκότες entstanden war, wurde σκηνήν hinzugefügt.

Die Ausführungen über die Handschriften des Euripides lassen sich so zusammenfassen: Für 5 Stücke (Andr. Hek. Hipp. Or. Phön.) sind A und L, für 2 (Alk. Med.) L und a, für 9 Stücke (Hel. El. Heraklid. Herakles Hik. Iph. A. Iph. T. Jon Kykl.) L (und P bzw. G), für Bakch. L und P, für Rhes. L und B (mit c), für Tro. B und P (s. unten) lie maßgebenden Handschriften.

Im Schluß der Hypothesis der Andromache τὸ δὲ δρᾶμα τῶν δευτέρων. ὁ πρόλογος σαφῶς καὶ εὐλόγως εἰρημένος, ἔτι (so für ἔστι Hermann) δὲ καὶ τὰ ἐλεγεῖα τὰ ἐν τῷ θρήνῳ τῆς Ἀνδρομάχης (103—116). ἐν τῷ δευτέρῳ μέρει ῥῆσις Ἑρμιόνης (147 ff.) τὸ βασιλικὸν ὑφαίνουσα (so BL, ἐμφαίνουσα Paris. 2712, ὑποφαίνουσα Lascaris, οὐ φαίνουσα Bergk) καὶ ὁ πρὸς Ἀνδρομάχην λόγος (261 ff.) οὐ καλῶς (L, οὐ κακῶς BE) ἔχων· εὖ δὲ·καὶ (so B, in L fehlt καί) ὁ Πηλεὺς ὁ τὴν Ἀνδρομάχην ἀφελόμενος (577 ff.) wird der Satz ἐν τῷ δευτέρῳ μέρει ... ἔχων bald auf ein Lob, bald auf einen Tadel des Euripides gedeutet, da die Lesarten nicht feststehen. Liest man τὸ βασιλικὸν ὑποφαίνουσα, dann οὐ κακῶς ἔχων, so hat man eine mäßige Anerkennung, womit auch καί und εὖ δὲ καί übereinstimmt. Für die tadelnden Lesarten οὐ φαίνουσα und οὐ καλῶς (und εὖ δὲ ohne καί) erklärt sich Elsperger, Reste und Spuren antiker Kritik gegen Eur. Philol. Suppl. XI (1903) S. 58, in-

dem er geltend macht, daß ἐν τῷ δευτέρῳ μέρει nicht heißen
könne „im zweiten Teile des Dramas", da die kritisierte ῥῆσις
der Hermione gleich auf die Parodos folge, also bedeuten müsse
„ist von geringerem Werte". Mir ist die Stelle willkommen
für den schon früher geführten Nachweis, daß die Theorie von
den fünf Akten des Dramas (neve minor neu sit quinto pro-
ductior actu Hor. de arte po. 189) auf eine griechische Quelle
zurückgeht (Die Kompositionsweise des Horaz usw. in den
Sitzsb. 1894 S. 404). Da δρᾶμα ἤδη μεσοίη Aristoph. Frö. 911
in dem Schol. mit ἕως τρίτον μέρους erklärt wird, so ist die
Mitte des Dramas der dritte Teil, d. i. der dritte Akt von fünf.
Dem entspricht es, wenn der zweite Akt nach der Parodos
beginnt. Die Erklärung der Worte τὸ δρᾶμα τῶν δευτέρων
(„steht dem Werte nach an zweiter Stelle") berührt diese Auffassung nicht. Nur die Phantasie eines Verrall kann den Worten
den Sinn unterschieben „gehört zu den Stücken, welche in der
Trilogie an zweiter Stelle stehen". Ein französischer Rezensent
hat dieser Deutung die Ehre angetan sie mit dem Hinweis auf
den Schluß der Hypothesis des Hippol. τὸ δρᾶμα τῶν πρώτων
zu widerlegen.

Bakch. 126 ἀνὰ δὲ βακχεία (d. i. βακχείᾳ) συντόνῳ κέ-
ρασαν ἡδυβόᾳ Φρυγίων αὐλῶν πνεύματι ματρός τε Ῥέας ἐς χέρα
θῆκαν, worin die Verbindung der Pauke mit der Flöte als die
Musik der bakchischen Feier erklärt wird, ist die an und für
sich sinnige Änderung von Sandys ἀνὰ δ' ἀράγματα τυμπάνων
entbehrlich, wenn man das Objekt zu ἀνακέρασαν aus dem vorhergehenden βυρσότονον κύκλωμα entnimmt und mit leichter,
öfters vorkommender Umstellung (von Dobree) βακχείᾳ δ' ἀνὰ
συντόνῳ schreibt. Durch die Verbindung des Flötenspiels mit
der Pauke wird der Lärm der Bakchusfeier gesteigert (βακχείᾳ
συντόνῳ). — Schreibt man Bakch. 1386 μήθ' ὅθι θύρσων
(für θύρσον) μνῆμ' ἀνάκειται, so gewinnt man in θύρσοι das
Subjekt zu dem folgenden μέλοιεν.

Hek. 162 ποίαν ἢ ταύταν ἢ κείναν στείχω; πῇ δ' ἥσω;
ποῦ τις θεῶν ἢ δαίμων νῷν ἐπαρωγός; fordert der Sinn statt
ἥσω einen gegensätzlichen Begriff zu στείχω: „wohin soll ich

mich setzen"? Dies führt auf die Form, welche Öd. K. 195 erhalten ist: *ἐσθῶ*. Die bei Dionys. de comp. verb. c. 17 überlieferte Lesart *ποίαν δῆθ' ὁρμάσω; ταύταν ἢ κείναν; κείναν ἢ ταύταν*; legt den Text *ποίαν δῆθ' ὁρμάσω, ταύταν ἢ κείναν; πῇ δ' ἐσθῶ; ποῦ τις θεῶν ἢ δαίμων ἐπαρωγός*; nahe; doch ist der handschriftliche Text glaubwürdiger, da ein lapsus memoriae vorliegt. — Hek. 455 („Wohin, Wind, wirst du mich treiben?") erhält man einen verständlichen Text mit *ἢ νάσων ἁλιήρει κώπᾳ πεμπομέναν θεράπναν* (für *τάλαιναν*) *οἰκτρὰν βιοτὰν οἴσεις*; (*οἴσεις* für *οἴκοις* Weil). — Die häufige Vertauschung von *δόμοι* und *πύλαι* (Med. 1234, Hipp. 895, 1447 u. a.) gestattet auch Hek. 665 *καὶ μὴν περῶσα τυγχάνει δόμων ὕπερ* das passendere *πυλῶν ὕπερ* einzusetzen. — Hek. 1189 *ἀλλ' εἴτε χρῆστ' ἔδρασε, χρῆστ' ἔδει λέγειν* hat Kuiper wegen der Beziehung auf *ἀνθρώποις* den Plural *εἴτ' ἔδρασαν χρηστά* vermutet. Einfacher scheint *εἴτε χρηστὰ δρῶσι*.

Helen. 104 geben die Handschriften *ὀθούνεκ' αὐτῶ οὐ ξυνωλόμην ὁμοῦ*. Die Korrektoren haben den Hiatus mit der particula Heathiana *γ'* beseitigt. Der Sinn verlangt *αὐτός*, wie es 106 *καὶ ξύν γε πέρσας αὐτὸς ἀνταπωλόμην*, Iph. T. 715 *αὐτὸς ἀνταπόλλυμαι* heißt. — In Hel. 356 *αὐτοσίδαρον ἔσω πελάσω διὰ σαρκὸς ἅμιλλαν* ist *πελάσω* unverständlich: für *ἔσω πελάσω* ist wohl *ἐλάσω* zu setzen. — In Hel. 404 *Λιβύης τ' ἐρήμους ἀξένους τ' ἐπιδρομάς* ist das richtige Epitheton, welches *ἐπιδρομάς* vorbereitet, *ἀνόρμους*. — Hel. 441 erwidert Menelaos auf die grobe Rede der Alten, die ihn abweist: *ὦ γραῖα, ταῦτα ταῦτ' ἔπη καλῶς λέγεις ἔξεστι. πείσομαι γάρ*. Das bezeichnende Wort für Abweisung einer Bitte ist *ἀτιμάζειν, ἄτιμος*, also *ὦ γραῖ', ἄτιμα ταῦτ' ἔπη*. Aus *πείσομαι γάρ* ergibt sich *μὴ δὶς λέγειν ἔξεστι*. — Hel. 571 wird mit *αὖθις ἔκφρασον* die Härte im 5. Fuß beseitigt. — Hel. 678 *ὤμοι ... κρηνῶν, ἵνα θεαὶ μορφὰν ἐφαίδρυναν, ἔνθεν ἔμολεν κρίσις* scheint der Sinn *ἔμολον κρίσιν* (zur Stätte des Parisurteils) zu fordern. — In Hel. 857 *οἲ ἐγὼ τάλαινα· τῆς τύχης γὰρ ὧδ' ἔχω. Μενέλαε, διαπεπράγμεθ'· ἐκβαίνει δόμων* κτέ. wird in unnatürlicher Weise der Ausruf *οἲ ἐγὼ τάλαινα* von dem Grund des Ausrufs *Με-*

νέλαε κτέ. durch die unangebrachte Erläuterung τῆς ... ἔχω getrennt. Diese Erläuterung hat man interpoliert, um den außerhalb des Verses stehenden Ausruf zu einem Trimeter zu erweitern. In ähnlicher Weise ist Or. 478 der Ausruf ἔα zu einem Verse ergänzt worden (vgl. Iph. A. 1416) und auch Hel. 560 scheint θεὸς γὰρ καὶ τὸ γιγνώσκειν φίλους eine nichtssagende Erweiterung des Ausrufs ὦ θεοί zu sein. Vgl. Iph. T. 780, Phil. 736. — Hel. 859 κτυπεῖ δόμος: vielmehr πύλη. — Mit Hel. 925 πάρεργον δοῦσα τοῦτο τῆς τύχης bittet Helena die Theonoe, der sie vorher die rechtliche Verpflichtung zu Gemüte geführt hat, daneben auch ihren guten Ruf in Hellas herzustellen. Man erwartet deshalb statt des bedeutungslosen τῆς τύχης (vgl. oben S. 22) den Ausdruck τῆς δίκης, welcher die vorhergehende Ausführung zusammenfaßt. — Hel. 991 τί ταῦτα; δακρύοις ἐς τὸ θῆλυ τρεπόμενος ἐλεινὸς ἦν ἂν μᾶλλον ἢ δραστήριος liegt der Personenbezeichnung von G, worin der erste Vers der Theonoe, der zweite dem Menelaos gegeben wird, ein richtiger Gedanke zugrunde. Nur gehören selbstverständlich die beiden Verse zusammen und ist ME. vor 993 zu setzen, für ἦν ἂν aber ἦσθ' ἂν zu schreiben. Menelaos hat mit dem großen und drohenden Wort „entweder führe ich Helena nach Hause oder in den Hades" geschlossen. Darauf sagt Theonoe: „Was sollen deine (geschwollenen) Reden? Mit Tränen würdest du eher mein Mitleid wecken als mit heldenhaften Gesten (δραστήριος)." Nichtsdestoweniger glaube ich, obwohl die Form ἦν als Grund der Athetese wegfällt, daß Schenkl mit der Tilgung von 991—995 recht hat und daß diese stark auftragende Partie von einem Schauspieler herrührt. — In Hel. 1050 βούλει λέγεσθαι μὴ θανὼν λόγῳ θανεῖν; ist λόγῳ nach λέγεσθαι unmöglich und hat Cobet mit Recht τεθνηκέναι für λόγῳ θανεῖν verlangt. Wenn aber nachher εἰ δὲ κερδανῶ λόγῳ für εἰ δὲ κερδανῶ λέγειν zu schreiben ist, so muß im folgenden Verse wieder wie vorher ἕτοιμός εἰμι μὴ θανὼν τεθνηκέναι (für λόγῳ θανεῖν) gesetzt werden. — Hel. 1103 werden die Reizmittel der Aphrodite aufgezählt: ἔρωτας ἀπάτας δόλιά τ' ἐξευρήματα ἀσκοῦσα φίλτρα θ' αἱματηρὰ δωμάτων. Musgrave hat αἱματηρὰ σωμάτων vermutet. Zur Not ließe sich αἱματηρὰ δώμασιν oder σώμασιν verstehen. Die φίλτρα bestehen in Tränken, also πωμάτων (tödliche Liebesmittel von Tränken). — Nachdem in Hel. 1211 angegeben ist, daß das Schiff des Menelaos an der hafenlosen Küste Libyens gescheitert sei, hat die Frage λιπὼν δὲ ναὸς ποῦ πάρεστιν ἔκβολα; 1214 keinen Zweck. In 1215 erregt ὄλοιτο bei seiner Beziehung auf die Gegenwart Anstoß. Deshalb erscheinen 1214 f. als unecht. Doch brauchen nicht auch 1216 f. athetiert zu werden, wie F. W. Schmidt getan hat, sobald man in 1216 καὶ δεῦρ' ἐκεῖθεν ἦλθεν ἐν (für ὄλωλ' ἐκεῖνος, ἦλθε δ' ἐν) ποίῳ σκάφει; schreibt (ὅδ' οὖν ἐκεῖθεν ἦλθεν ἐν Herwerden). — Die schwierige Stelle Hel. 1310 ff. scheint mit θηρῶντό τε ζυγίους ζεύξασαι θεᾷ (Mutter Demeter fährt, Artemis und Athena laufen nebenher, daher ἀελλόποδες) σατίνας τὰν ἁρπασθεῖσαν ... μετὰ κούραν ἀελλόποδες in Ordnung gebracht zu sein; es erübrigt nur in 1329 f. mit Elmsley λαῶν τε (für δὲ) ... ποίμναις τ' (für δ'), in 1332 ἐξέλειπε für ἀπέλιπε (ἀπέλειπε) mit Murray und in 1329 φθίνει für φθείρει zu schreiben. — In Hel. 1350 δέξατό τ' ἐς χέρας βαρύβρομον αὐλὸν τερφθεῖσ' ἀλαλαγμῷ scheint βαρύβρομον kein passendes Epitheton für die Flöte zu sein. Auch ist im Vorhergehenden nur vom Tympanon die Rede, wenn auch nach Bakch. 128 die Flöte mit dem Tympanon verbunden ist. Das Tympanon wird ebd. 124 mit κύκλωμα bezeichnet und so wird hier für αὐλόν zu schreiben sein. — Nachdem der Gedanke des Schlusses dieses Chorgesangs feststeht: „du hast die Ehren der Göttin vernachlässigt, hast ihre Nachtfeier (παννυχίδες) verschlafen", wird sich auch der Text in 1366 εὖ δέ νιν ἄμασιν ὑπέρβαλε σελάνα herstellen lassen: εὗδον ἵν' ὄμμα σὸν ὑπέβλεπεν σελάνα (= δέξατό τ' ἐς χέρα βαρύβρομον κύκλωμα). — Seltsam ist Hel. 1383 der Ausdruck λουτροῖς χρόα ἔδωκα statt der natürlichen Wendung λούτρ' ἔδωκε χρωτί Or. 42, λουτρά τ' ἐπιβαλοῦ χροΐ ebd. 303 (überliefert λούτρ' ἐπὶ χροῒ βάλε), also λουτρὰ χροῒ ἔδωκα, wofür bei Euripides λούτρ' ἐς χρόα ἔδωκα gangbar ist. Vgl. z. B. 1425 εἰς ἔμ' εὔνοιαν διδῷς und zu

Phön. 1757 ἐς θεοὺς διδοῦσα. — Nach Μενέλεων εὐεργετεῖς κἄμ' ist Hel. 1409 mit ἔρχεται γὰρ δή νιν' ἐς τύχην τάδε nichts gesagt. Der Gedanke „was du dem Menelaus antust, kommt auch mir zugute" wird mit ἔρχεται γὰρ ἐς μίαν τύχην τάδε gewonnen. Vgl. 742 εἰς ἓν ἐλθόντες τύχης. — Nachdem Hel. 1539 προσῆλθον ἀκταῖς ναυφθόροις ἠσθημένοι πέπλοισιν der Dativ ἀκταῖς unter dem Einflusse von ναυφθόροις entstanden ist, kann ἀκτήν statt des von J. Heiland gesetzten ἀκτάς geschrieben werden, da an eine bestimmte Stelle gedacht ist. — Soll in Hel. 1590 πάλιν πλέωμεν ἀξίαν· κέλευε σύ, σὺ δὲ στρέφ' οἴακα das unbrauchbare ἀξίαν sich nicht meistern lassen? Zunächst ist ἄψ bei πάλιν zu erwarten. Dann hat über ἀ von ἀξίαν der Korrektor να geschrieben und mit ἄναξ kann derjenige angeredet werden, dem das κέλευε zukommt. So erhält man πάλιν πλέωμεν ἄψ, ἄναξ, κέλευε σύ. — In Hel. 1658 πάλαι δ' ἀδελφὴν πρὶν (der Korrektor von L καὶ πρὶν) ἐξεσώσαμεν wird man, da πρὶν nach πάλαι überflüssig ist und καί nur metrischer Nachhilfe verdankt wird, dem Zusammenhang gerecht mit πάλαι δ' ἀδελφὴν νὼ μὲν ἐξεσῴζομεν (ἐξεσῴζομεν auch Dobree).

Elekt. 113 und 128 ist die Lesart von G ὦ ἔμβα ἔμβα von der früheren Vorstellung her in Ausgaben stehen geblieben: Dindorf hat die richtige Einsicht für den Text von L ὦ ἔμβα βᾶ gehabt. — Im dritten Beitrag zur Kritik des Euripides (Sitzungsb. 1897 S. 445 ff.) habe ich dargetan, daß sich Euripides in dem Gebrauch von Ephymnien dem Vorgang von Äschylos angeschlossen hat im Gegensatz zu Sophokles. Und wie sich bei Äschylos eine Reihe von Lücken durch die Ergänzung von Ephymnien geschlossen hat, so müssen in der El. des Euripides die zwischen dem zweiten Strophenpaar der Monodie der Elektra stehenden Verse 150—156 als Ephymnion erklärt und nach 166 wiederholt werden, wie das erste Strophenpaar durch eine gleichlautende Partie 112—114 = 127—129 eingeleitet wird. Die für sich stehenden Verse 125 f. ἴθι τὸν αὐτὸν ἔγειρε γόον, ἄναγε πολύδακρυν ἀδονάν fallen aus der Responsion heraus, weil sie sozusagen der äußeren Handlung angehören, wie wir oben (S. 42 und S. 47) Beispiele in der El. des Sophokles und im Öd. K. kennen gelernt haben. Diese Beweisführung wird hinfällig, wenn nach der Annahme von Radermacher (Gött. Anz. 1899 S. 705), welche in der Ausgabe von Murray gebilligt wird, von 140 an keine Responsion stattfindet. Aber unter den zehn Versen finden sich, wenn man die leichte und gewöhnliche Umstellung von σε γυνή 162 (οὐ μίτραισι γυνή σε) außer acht läßt und das *Γλυκώνειον πολυσχημάτιστον* in Betracht zieht, eigentlich nur zwei Verse, welche nicht stimmen, und das sind Verse, welche sich ohnedies als korrupt erweisen. Denn die ursprüngliche Lesart von L in 142 ἐπορθροβοάσω ist eine vox nihili und ist aus ἐπορθρεύσω, wie Dindorf verlangt hat, und βοάσω zusammengeschweißt. Vgl. oben S. 18. Für den Gesang in der Morgenfrühe paßt ἐπορθρεύσω (= ἰώ μοί μοι) vortrefflich. Vgl. Frg. 771, 25 ὀρθρευομένα γόοις. Im folgenden Vers wird niemand den überlieferten Text ἰαχὰν ἀοιδὰν μέλος ἄιδα als brauchbar ansehen. Ohne Rücksicht auf die Responsion muß man ἀοιδάν, welches Matthiä getilgt hat, neben ἰαχάν als überflüssig erkennen. Nach ἰαχὰν ἐνέπω ist im folgenden Vers der Akk. γόους, welcher der Beziehung zu ἐνέπω verdankt wird, unmöglich und ist ein Gen. zu ἰαχάν nötig, γόων oder vielleicht θρήνων. Dieses und das Hermannsche ὅδιον für ὁδοῦ 161 sind die einzigen Änderungen, welche der Responsion dienen. An Αἴγισθον λώβαν θεμένα 165 ist an und für sich die Versetzung des Daktylus nicht zu beanstanden. Aber der Sinn ist nicht in Ordnung. Die Erklärung „Klytämnestra bringt Schande über Ägisthos, indem sie ihn zum Morde anstachelt" ist ein abstruser und bei dem Plane den Ägisthos zu ermorden unangebrachter Gedanke. Die λώβη kann bloß dem Agamemnon gelten. Nur um des Sinnes willen ist darum festzuhalten, daß das in 160 überhängende σᾶς, πάτερ aus 165 stammt und in der Form σοῦ, πάτερ an die Stelle von Αἴγισθον treten muß (σοῦ, πάτερ, λώβαν θεμένα). Die Lücken nach 1154 und 1181 schließen sich gleichfalls durch die Annahme von Ephymnien. Das Vorkommen mehrerer Lücken derart dient dieser Annahme wie bei Äschylos zur Bestätigung. — An El. 211 μάτηρ δ' ἐν λέκτροις φονίοις ἄλλῳ σύγγαμος οἰκεῖ hat Herwerden mit gutem Grund Anstoß genommen und μελάθροις für λέκτροις verlangt. Man kann zwar sagen, daß σύγγαμος οἰκεῖ den Sinn von συνοικεῖ ergibt, aber doch bleibt der Ausdruck ἐν λέκτροις οἰκεῖ abstrus. Der Herwerdenschen Änderung ist die Responsion nicht günstig; aber abgesehen davon gibt ἐν λέκτροις φονίοις ἄλλῳ σύγγαμος εὕδει den bitteren Sinn, welchen Sophokles El. 587 mit ξυνεύδεις τῷ παλαμναίῳ ausdrückt. — Den Anapäst in El. 315 ἕδρας Ἀσιήτιδες hat Hermann mit ἕδραισιν Ἀσίδες beseitigt. Es wird ebenso der Anapäst in dem unmittelbar vorhergehenden Vers μήτηρ δ' ἐμὴ Φρυγίοισιν ἐν σκυλεύμασιν trotz der Ableitung des Adjektivs von einem Eigennamen sich nicht rechtfertigen lassen. Mit μήτηρ δ' ἀμήτωρ Φρυξὶν ἐν σκυλεύμασιν gewinnen wir das bittere Epitheton, dessen sich Elektra auch bei Sophokles El. 1154 bedient. — In El. 363 καὶ γὰρ εἰ πένης ἔφυν, οὔτοι τό γ' ἦθος δυσμενὲς παρέξομαι gibt δυσμενές keinen entsprechenden Sinn. Gewöhnlich schreibt man mit Canter δυσγενές. Aber Adel ist nicht der eigentliche Gegensatz zur Armut. In 371 λιμόν τ' ἐν ἀνδρὸς πλουσίου φρονήματι versteht man λιμόν nicht; verständlich wird πίνον (mens oppleta sordibus bei Cicero). Auch πίνος χερῶν Ag. 769 ist nicht im eigentlichen Sinne gebraucht. In dem Fetzen einer Handschrift Pap. Hibeh I nr. 7 ist leider gerade dieses Wort nicht lesbar; es steht nur fest, daß es nicht λιμόν, daß aber der dritte Buchstabe μ oder ν ist, also sehr wohl πίνον sein kann. Damit erhalten wir für die vorhergehende Stelle das bezeichnende Wort δυσπινές. — El. 928 ist das überlieferte ἀφαιρεῖσθον zunächst aus ἐπηύρεσθον entstanden. Wenn man aber aus dieser evidenten Emendation Naucks nicht die Konsequenz zieht, indem man τύχης ... τῆς σῆς καὶ σὺ τῶν κείνης κακῶν für τύχην κτέ. schreibt, so verkennt man die gegenseitige Einwirkung der Korruptelen. So ist 1159 βέλους für βέλει trotz ὀξυθήκτῳ überliefert, weil mit ἔκανεν statt κατέκαν' ein Hiatus entstanden war. — El. 997 stellt man gewöhnlich den Parömiakos mit Nauck durch Ergänzung von χαῖρε her (χαῖρ', ὦ βασίλεια). Dabei läßt man außer acht, daß das Vorhergehende τὰς σὰς δὲ τύχας θεραπεύεσθαι καιρός die sofortige Huldigung (die προσκύνησις) erfordert: mit ⟨προπίτν⟩ω, βασίλεια setzt der Chor seiner sarkastischen Rede die Krone auf. Gleich nachher spricht Klytämestra von ihrem asiatischen Prunk. — Daß El. 1295 die Frage κἀμοὶ μύθου μέτα, Τυνδαρίδαι; dem Orestes, nicht der Elektra gehört, ergibt sich mit Entschiedenheit aus der Frage der Elektra 1303 τίς δ' ἔμ' Ἀπόλλων, ποῖοι χρησμοὶ φονίαν ἔδοσαν μητρὶ γενέσθαι; Denn daraus geht hervor, daß Elektra vorher nicht mit dem Hinweis auf Apollon entschuldigt worden ist. Übrigens ist die Frage der Elektra durch die Worte der Dioskuren 1296 f. hervorgerufen: 1303—1307 sind also nach 1297 umzustellen. Die Frage 1298—1300, welche von Victorius dem Chor zugewiesen wird, hat der Korrektor von G mit Recht der Elektra gegeben.

Heraklid. 282 μάτην γὰρ ἥβην ὧδέ γ' ἂν κεκτώμεθα πολλὴν ἐν Ἄργει μή σε τιμωρούμενοι schreibt man gewöhnlich mit Brunck κεκτήμεθα, während der Gedanke ἐκεκτήμεθα verlangt. — Heraklid. 291 ἐπὶ τοῖσι δὲ δὴ μᾶλλον ἔτ' ἢ πρίν hat Madvig ἐπὶ τοῖσιδε δή vermutet dem Sinn „nach dem, was hier vorliegt", entsprechend, warum nicht ἐπὶ τοῖσδε δὲ δή? — Vor Heraklid. 630 nimmt Kirchhoff (wie Hermann vor 1053) eine umfangreiche Lücke an, in welcher ein Botenbericht über den Opfertod der Makaria, die Klage der Alkmene und ein Chorgesang verloren gegangen sein sollen. Ich habe in den Bl. f. d. bayer. Gymnasialschulw. XXII (1886) S. 19 ff. dargetan, daß diese Annahme unbegründet ist und daß der Dichter diese Erzählung ebenso ausgelassen hat wie in den Phönissen die vom Opfertod des Menoikeus. Es genügt hier auf 822 λαιμῶν βροτείων und auf die Chorpartie 621 ff. hinzuweisen. Neuerdings hat Johanna Schmitt, Freiwilliger Opfertod bei Euripides, 1921 S. 53 ff. die Frage mit dem gleichen Ergebnis abschließend behandelt. — Auf die Frage des greisen Jolaos Heraklid. 734 οὔκουν δρᾷς μου κῶλον ὡς ἐπείγεται; erwidert der Diener: δρῶ δοκοῦντα μᾶλλον ἢ σπεύδοντά σε. Den richtigen Sinn gibt μογοῦντα: „du mühst dich zwar ab, kommst aber nicht vorwärts". — An Heraklid. 758 κίνδυνον πολιῷ τεμεῖν σιδάρῳ hat mit Recht Herwerden Anstoß genommen und hat δραμεῖν oder τελεῖν vermutet. Es hängt aber mit τεμεῖν auch σιδάρῳ zusammen: von Jolaos ist allein anzugeben, daß er mit eisgrauem Haupte die Gefahr bestehen will, also κίνδυνον πολιῷ δραμεῖν καράνῳ. — In Heraklid. 838 πολλοὶ δ' ἔπιπτον. ἦν δὲ τοῦ κελεύσματος gibt die wie immer scharfsinnige und gewählte Verbesserung von L. Dindorf ἦν δὲ δύο κελεύσματα den besten Sinn. Vielleicht ἦν δ' ἰὰ κελεύματος. Der Text Heraklid. 895 τερπνὸν δέ τι καὶ φίλων ἆρ' εὐτυχίαν ἰδέσθαι τῶν πάρος οὐ δοκούντων enthält einen logischen Fehler: nicht die Freunde sind unverhofft, sondern deren Glück ist wider Erwarten eingetreten, also τὰν πάρος οὐ δοκοῦσαν. — Heraklid. 1014 gibt L: πρὸς ἃ (geändert in πρὸς ἅ γ') εἶπας ἀντήκουσας. Diesen Text scheint Elmsley mit προσεῖπας ἀντήκουσας besser als Hermann mit ἅ γ' εἶπας ἀντήκουσας korrigiert zu haben. Man erwartet aber in den Präpositionen eine Beziehung aufeinander, wie sie προεῖπας ἀντήκουσας gibt.

Eine verwegene Interpolation hat Herk. 65

ἔχων τυραννίδ', ἧς μακραὶ λόγχαι πέρι
πηδῶσ' ἔρωτι σώματ' εἰς εὐδαίμονα

heimgesucht. Das Springen langer Lanzen in glückliche Leiber ist ein allzu abstruser Ausdruck. Auch sollte ἧς von ἔρωτι abhängig sein, so daß πέρι überflüssig wäre. Daß Stob. fl. 49, 4

ἡ γὰρ τυραννὶς πάντοθεν τοξεύεται
δεινοῖς ἔρωσιν, ἧς φυλακτέον πέρι

aus dieser Stelle stammt, geht aus dem angeflickten ἧς φυλακτέον πέρι hervor. Der Text

ἔχων τυραννίδ', ἣ μακραῖς λόγχαις ὅπως
δεινοῖς ἔρωσι πάντοθεν τοξεύεται

erweist von selbst seine Zusammengehörigkeit. — Mit λόγοισιν εὐθυμοῦσα (für λόγοισι μυθεύουσα) Herk. 77 wird der gleiche Sinn wie mit παρευκήλει λόγοις ebd. 99 wiedergegeben. Zum transitiven Gebrauch von εὐθυμέω vgl. Äsch. Frg. 350, 4 εὐθυμῶν ἐμέ. — Herk. 107 halte ich es für unmöglich in ὑψόροφα μέλαθρα καὶ γεραιὰ δέμνι', ἀμφὶ βάκτροις ἔρεισμα θέμενος ἐστάλην ohne weitere Angabe γεραιὰ δέμνια vom Lager des Amphitryon zu verstehen: domum se petere ait, ut qui senem convenire velit Amphitryonem: id aetatis autem homines in lectulo compositi κατ' οἰκίαν τὰ πολλὰ διατρίβειν solent, meint Pflugk. Amphitryon hat vorher bewiesen, daß solches Ruhebedürfnis bei ihm nicht vorhanden ist. Der Ausdruck kann nur vom Lager des greisen Chors, der auch die Stäbe zum Gehen braucht, gesagt sein. Auch steht es dem Chor zu anzugeben, woher er kommt. Schon Scaliger hat λιπών vermißt, aber γεραιὰ λιπών ist nicht brauchbar und ὑψόροφα μέλαθρα kann nur das Haus des Amphitryon (44) bezeichnen und von ἐστάλην abhängig sein. Der ursprüngliche Text kann also nur lauten: ὑψόροφα μέλαθρα λιπὼν γεραιὰ δέμνι' ἀμφὶ βάκτροις = μὴ πόδα προκάμητε βαρύ τε κῶλον ὥστε πρὸς πετραῖον. Dem Vers Herk. 860 τάχος ἐπιρροίβδην θ' ὁμαρτεῖν ὡς κυνηγέτῃ κύνας fehlt die grammatische Verbindung. Auch sieht man nicht ein, was der Gedanke „nachhetzen wie Hunde dem Jäger" an seiner Stelle soll. Dieser Gedanke würde eher hinter 871 einen geeigneten Platz haben, wenn Lyssa sagte: „ich werde den Herakles noch mehr antreiben hinter seinen Kindern herzutoben wie Hunde hinter dem Jäger". Es müßte dann der Text in 871, 860 lauten: καταυλήσω τέκνοις τάχος ἐπιρροίβδην θ' ὁμαρτεῖν ὡς κυνηγέτῃ κύνας. Aber das Toben des Herakles und das Nachfolgen der Hunde würde verschiedener Art sein. Drum fragt es sich, ob der Vers nicht erst nachträglich an den Rand geschrieben ist, wenn er auch eine schöne Form hat und im allgemeinen dem Zusammenhang nahesteht. — Herk. 889 hat man das überlieferte ἀποινόδικοι δίκαι in ἀπόδικοι δίκαι, ἄδικοι δίκαι, ἄδικοι Ποιναί u. a. geändert; am nächsten liegt, was auch dem Sinne entspricht, ἄποινοι Δίκαι. Die Ermordung der unschuldigen Kinder ist eine Buße, wo keine Buße ziemt. Mit λυσσάδες ὠμοβρών (so Dindorf für ὠμόβροτος) ἄποινοι Δίκαι werden zwei Dochmien hergestellt. — Die Vergleichung des Knaben, der sich unter dem Altar versteckt, mit einem Vogel Herk. 974 ἄλλος δὲ βωμὸν ὄρνις ὣς ἔπτηξ' ὕπο ist eine abstruse Vorstellung. Euripides wird geschrieben haben: σμίνθος ὥς. — In Herk. 1082 φυγᾷ φυγᾷ, γέροντες, ἀπὸ δωμάτων διώκετε, φεύγετε μάργον ἄνδρα hat Wakefield φυγὰν φυγὰν . . διώκετε vermutet. Damit wird keine brauchbare Konstruktion gewonnen; διώκειν πόδα oder ποδὶ ἥλυσιν 1041 oder ἵππευμα διώκεις Fragm. 114 kann man nicht damit vergleichen. Der intransitive Gebrauch von διώκειν ist nur scheinbar; gewöhnlich ergänzt sich ἵππους oder ἅρμα, Heraklid. 612 δόμον. Für διώκετε ist wohl δίεσθε herzustellen. — Öfters findet sich in den Handschriften die Vertauschung von πράσσω und πάσχω. Daß Herk. 1114 nach κακῶς πράσσων nicht πράσσω δ' ἐγὼ τί λυπρόν, οὗ δακρυρροεῖς; sondern πάσχω zu schreiben ist, verrät das folgende ἃ κἂν θεῶν τις, εἰ πάθοι, καταστένοι. — Eine bedeutsame Lesart bietet L in Herk. 1232: *HP*. τί δῆτά μου κρᾶτ' ἀνεκάλυψας ἡλίῳ; *ΘH*. τί; οὐ μιαίνεις θνητὸς ὢν τὰ τῶν θεῶν. Der Korrektor von L hat τί δ' korrigiert, aber bei richtiger Auffassung der Antwort ist δέ nicht am Platze („warum? fragst du?"). Damit ist ein Beweis für den erlaubten Hiatus in τί οὐ und τί οὖν geliefert. Ein solcher liegt auch vor in Phön. 878 ἀγὼ τί οὐ δρῶν, ποῖα δ' οὐ λέγων ἔπη, wo die maßgebenden Handschriften die Korrektur τί δρῶν ὁποῖα bieten und der Schol. bemerkt: τί οὐ δρῶν: γράφεται δὲ κἀγὼ τί μὴ δρῶν, ποῖα δ' οὐ λέγων ἔπη. Hier wird das Streben den Hiatus zu beseitigen ausdrücklich bezeugt. Jon 999 gibt L τί δ' οὐ μέλλεις, γέρον; mit der Überschrift γ' οὐ, welche bestimmt auf τί οὐ hinweist. Hek. 1211 fordert das Satzgefüge τί οὐ für τί δ' οὐ. Hel. 56 hat L τί δῆτ' ἔτι ζῶ; Die Parodie Aristoph. Thesm. 868 gibt τί οὖν ἔτι ζῶ; Das erwähnte Streben bürgt für die Richtigkeit dieser Lesart. Erhalten ist τί οὖν Pers. 789, Sieb. 192, 691, Hik. 310, Eum. 903, Phil. 100, Ai. 873. Daß man nicht τί οὖν μ' ἄνωγας; in τί μ' οὖν ἄνωγας; ändern darf, sondern umgekehrt bei πῶς οὖν gewärtig sein muß als ursprüngliche Lesart τί οὖν vor sich zu haben, zeigt Hek. 820

τί οὖν ἔτ' ἄν τις ἐλπίσαι πράξειν καλῶς; wo nur A u. a. τί, die übrigen πῶς haben. Hipp. 598 geben sämtliche Handschriften πῶς οὖν; τί δράσεις; Kirchhoff hat aus Christ. pat. 610 und 1830, wo τί γοῦν steht, τί οὖν entnommen. So wird also auch Med. 598 τί οὖν; τί δράσεις; zu schreiben sein.[1] — Herk. 1234 wird die Zurückweisung der Mahnung φεῦγ', ὦ ταλαίπωρ', ἀνόσιον μίασμ' ἐμόν zutreffend, wenn es οὐδεὶς μιάστωρ (für ἀλάστωρ) τοῖς φίλοις ἐκ τῶν φίλων geheißen hat. — Herk. 1274 f. kann der Ausdruck κύνα ὕδραν nicht mit Ausdrücken wie σῦς κάπρος gerechtfertigt werden. Die Korruptel ist durch 420 πολύφονον κύνα Λέρνας veranlaßt und ist mit κύνα Λέρνης zu beseitigen.

Hiket. 208 gibt L ἐξαμύνασθαι: wer die Häufigkeit solcher Fehler kennt, wird kein Bedenken tragen das vom Gedanken geforderte ἐξαμύνεσθαι dafür zu setzen. Auch Or. 269 dient ἐξαμύνεσθαι dem Sinne besser als der Aor., da man an wiederholte Fälle denkt. — In dem Ausspruch Hiket. 329 Κάδμον θ' ὁρῶσα λαὸν εὖ πεπραγότα ἔτ' αὐτὸν ἄλλα βλήματ' ἐν κύβοις βαλεῖν πέποιθ'· ὁ γὰρ θεὸς πάντ' ἀναστρέφει πάλιν, welcher nicht eine Drohung (ἔτι), sondern eine Weissagung vorstellen soll, ist αὐτόν überflüssig. Passend für die Weissagung ist μεταῦθις (μετ' αὖτις geschrieben) statt ἔτ' αὐτόν. Der allgemeine Gedanke ὁ γὰρ θεὸς πάντ' ἀναστρέφει πάλιν ist dem Inhalte nach unwahr. Beachtung verdient, daß der Korrektor ταῦ über πάντ' gesetzt hat. Dann aber ist der immer wiederkehrende Fehler, von dem oben S. 15 die Rede gewesen ist, zu verbessern und ταῦτ' ἀναστέψει herzustellen. — Hiket. 438 τοὐλεύθερον δ' ἐκεῖνο· τίς θέλει πόλει χρηστόν τι βούλευμ' ἐς μέσον φέρειν ἔχων; wird mit ἐκεῖνο auf den Ruf des Herolds τίς ἀγορεύειν βούλεται; hingewiesen, also hat es ursprünglich τίς θέλει λέγειν; geheißen. Das Folgende gibt an, was der Ruf in sich schließt. — Da in Hiket. 604 φόνοι μάχαι στερνοτυπεῖς γ' ἀνὰ τόπον πάλιν κτύποι φανήσονται die Partikel γ' nicht alt bloßes Füllsel betrachtet werden kann, muß sie den

---

[1] Äsch. Hik. 233 hat Burges τίς für πῶς gesetzt, Ag. 222 gibt M τί πῶς für πῶς, Öd. K. 652 scheint τί οὖν ποήσεις geeigneter als πῶς οὖν.

Anfang des verloren gegangenen Wortes verraten. Dies führt auf γαπόνων. In der Antistr. (614) bleibt für στερνοτυπεῖς nur ἐκάλεσε, wofür die Aldina ἐξεκάλεσε gibt. Dem Sinne würde das von Kirchhoff vermutete ἐξεκάλει genügen, sodaß man φόνοι μάχαι στερνοτυπεῖς γαπόνων = δίκα δίκαν δ' ἐξε-κάλει καὶ φόνος erhielte. — Hiket. 642 εὖ μὲν νόστον ἀγγέλλεις σέθεν τήν τ' ἀμφὶ Θησέως τάξιν schwanken die Herausgeber zwischen βάξιν (Reiske) und πρᾶξιν (Markland). Der besondere Sprachgebrauch, der z. B. durch τὸν ἀμφ' ἑαυτῆς ἆθλον ἐξηγουμένης (τῆσδε) Äsch. Prom. 728 gekennzeichnet wird, spricht für πρᾶξιν. Man meldet die Sache, nicht die Meldung. Hiket. 687 hebt die Schlachtschilderung an mit τί πρῶτον εἴπω, πότερα τὴν ἐς οὐρανὸν κόνιν προσαντέλλουσαν, ὡς πολλὴ παρῆν. Hierin ist das nachschleppende ὡς πολλὴ παρῆν, worin παρῆν als abstrus erscheint, stilwidrig. Auch entbehrt πρός in προσαντέλλουσαν der Beziehung. Für das Zitat aus diesem Stück und aus der Hypsipyle bei Hesych unter ἀναδρομαί· αὐξήσεις, βλαστήσεις, für welches man noch keine Unterkunft gefunden hat, dürfte sich hier der richtige Platz finden, wenn man εἰς ἀναδρομάς an die Stelle von ὡς πολλὴ παρῆν setzt und annimmt, daß das darübergeschriebene Glossem ἐς οὐρανόν den zu προσ(αντέλλουσαν) gehörigen Dativ, etwa ὀχήμασιν verdrängt hat. So erhält man τὴν ⟨ὀχήμασιν⟩ κόνιν προσαντέλλουσαν εἰς ἀναδρομάς. Auch 903 scheint πολλὰ τ' ἐξευρεῖν σοφά an die Stelle von τῶν ἀγυμνάστων σφαγεύς getreten zu sein, wenn auch dieser Vers einer Interpolation zugehört. — In Hiket. 904 γνώμη δ' ἀδελφοῦ Μελεάγρου λελειμμένος ἴσον παρέσχεν ὄνομα διὰ τέχνης δορός ist παρέσχεν in dem Sinne „gewann" undenkbar. Es kann nur μετέσχεν geheißen haben. Der Gen. wäre bei ὄνομα ebenso wenig am Platze wie Soph. O. K. 1484 bei ἀκερδῆ χάριν μετάσχοιμί πως oder Aristoph. Plut. 1144 οὐ γὰρ μετεῖχες τὰς ἴσας πληγὰς ἐμοί, weil nicht ein Teil, sondern das ganze Objekt zu denken ist. — In Hiket. 1063 sagt Euadne im Begriffe in den Scheiterhaufen ihres Mannes zu springen zu ihrem Vater: ἀρετῇ (werde ich alle Frauen übertreffen)· πόσει γὰρ συνθανοῦσα κείσομαι. Hierin ist κείσομαι nichtssagend und der Wirklichkeit nicht entsprechend. Es hat offenbar καύσομαι geheißen („werde verbrennen"). — Passen Hiket. 1156 in der Klage des Knaben, der den Aschenkrug seines Vaters im Arme hält, die Gedanken: „mir ist's, als sähe ich dich vor Augen, Vater" und „deine guten Lehren sind im Winde fortgetragen" (λόγων δὲ παρακέλευμα σῶν ἀέρι φερόμενον οἴχεται) zusammen? Muß es nicht vielmehr heißen: „deine guten Lehren werden mir von der Luft zugetragen"? Also ist ἔρχεται für οἴχεται nötig. Bei dem Toten ist ἀέρι φερόμενον sinnlos. — Daß Hiket. 1208 φόβ·ν γὰρ αὐτοῖς, ἥν ποτ' ἔλθωσιν πόλιν, δειχθεῖσα θήσει καὶ κακὸν νόστον πάλιν nicht etwa πυρά, woran man gedacht hat, sondern μάχαιρα Subjekt ist, zeigt δειχθεῖσα, welches in Gegensatz zu ἐς γαίας μυχοὺς κρύψον steht; doch wird der Zusammenhang an Klarheit gewinnen, wenn das in ἥν ποτ' ἔλθωσιν πόλιν überflüssige und wahrscheinlich aus 1193 stammende πόλιν mit κοπίς ersetzt wird. — Hiket. 1219 ἀλλὰ φθάνειν χρὴ συσκιάζοντες γένυν καὶ χαλκοπληθῆ Δαναϊδῶν ὁρμᾶν στρατόν habe ich ἤ für καί geschrieben. In einer Rezension wird mir vorgehalten, daß ich die bekannte Wendung οὐ φθάνειν καί nicht beachtet habe; der Sinn sei „es darf euch nicht der Bart das Kinn beschatten; so müßt ihr schon das Heer der D. gegen Theben in Bewegung setzen". Ich habe sehr wohl diese Wendung, aber auch den Sinn beachtet; denn das folgende ἐκτεθραμμένοι erfordert den Gedanken „erst muß der Bart das Kinn beschatten" d. i. „erst müßt ihr reifen Alters sein". Also fordert der Zusammenhang ἤ für καί.

Wenn man Hipp. 302 nach Fetzen einer ägyptischen Handschrift ἴσον δ' ἄπεσμεν τῷ πρίν für τῶν πρίν schreibt, so läßt man sich von den Buchstaben leiten, weil τῷ dem τῶν ähnlicher aussieht als dem τοῖς. Aber τῶν ist nur durch ἄπεσμεν beeinflußt. In a ist von anderer Hand τοῖς übergeschrieben und auch das Schol. τοῖς πρὶν ῥήμασιν weist auf den Plural hin. — In Hipp. 1055 οὐδ' ὅρκον οὐδὲ πίστιν οὐδὲ μάντεων φήμας ἐλέγξας ἄκριτον ἐκβαλεῖς με γῆς kann ὅρκον nicht richtig sein, da Hippolyt bereits 1025 f. einen Eid geleistet und der

Chor dazu bemerkt hat: ἀρκοῦσαν εἶπας αἰτίας ἀποστροφήν, ὅρκους παρασχών, πίστιν οὐ σμικράν, θεῶν. Vor allem aber erfordert die Antwort des Theseus τοὺς δ' ὑπὲρ κάρα φοιτῶντας ὄρνις πόλλ' ἐγὼ χαίρειν λέγω einen Hinweis auf den Vögelflug, der gewonnen wird mit οὐδ' ὄρνεων δὴ πτῆσιν. Auch Äsch. Prom. 604 liest man πτῆσιν οἰωνῶν. Daß es 1321 ὃς οὔτε πίστιν (Beglaubigung) οὔτε μάντεων ὄπα ἔμεινας οὐδ' ἤλεγξας heißt, kann an diesen Ausführungen nichts ändern; denn von dem Nichtabwarten eines Eides kann nicht die Rede sein, da er tatsächlich geleistet worden ist. — Über den Gedanken von 1294 ὡς ἐν γ' ἀγαθοῖς ἀνδράσιν οὔ σοι κτητὸν βιότου μέρος ἐστίν muß man sich wundern: Theseus soll aus der Reihe guter Männer ausgeschlossen werden, obwohl er unwissentlich gefehlt hat (1334 f.)! Es fehlt ihm nur die Reinheit (τὴν ἐμὴν ἄναγνον φρένα 1448). Der Sinn fordert also ἕν γ' ἁγνοῖς.

Iphig. in Aulis 74 schreibt man gern mit Markland ἀνθηρὸς μὲν εἱμάτων στολῇ, χρυσῷ δὲ (für τε) λαμπρός, übersieht aber den Sprachgebrauch, über den ich zu Med. 125 gehandelt habe.[1]) Es müßte dann λαμπρὸς δὲ χρυσῷ heißen und hat bielleicht so geheißen, da solche Umstellungen in L öfters vorkommen. — Dieser Gesichtspunkt kann auch für Iph. Aul. 84 κἀμὲ στρατηγεῖν κᾆτα Μενέλεω χάριν das Heilmittel abgeben. Man hat alles Mögliche vorgeschlagen, das einzig passende Wort δῆθε (videlicet) hat man wohl nur deshalb nicht vorzuschlagen gewagt, weil die Form δῆθε durch El. 268 nicht hinreichend gesichert ist. So bleibt nur Μενέλεω δῆθεν χάριν übrig. — In Iph. A. 241 πρύμναις σῆμ' Ἀχιλλείου στρατοῦ paßt zu πρύμναις nicht στρατοῦ, sondern στόλου. — Nach Iph. A. 261 lassen die beiden Handschriften Raum für zwei Verse, obwohl Strophe und Antistrophe gleichviel (12) Verse haben. Die Korrektoren der Handschriften lassen die Lücke

---

[1]) Nach diesem erwartet man Iph. A. 555 μετρία μὲν χάρις πόθοι θ' (für δ') ὅσιοι, dagegen ebd. 1174 ὅταν θρόνους τῆσδ' εἰσίδω πάντας κενούς, κενοὺς δὲ παρθενῶνας nach Anleitung des Zitates bei Apsines Rhet. Gr. IX 593 W. ὅταν δόμους μὲν τούσδε προσίδω κενούς etwa ὅταν κενοὺς μὲν παιδὸς εἰσίδω θρόνους.

nicht gelten und Madvig hat die Verbindung von 261 und 262 ermöglicht, indem er Λοκρᾶς τε schrieb. Diese Annahme erweist sich schon dadurch als irrig, daß trotz ναῶν δ' εἰς ἀριθμὸν ἤλυθον 231 die Zahl der Schiffe fehlt. Ebenso sicher ist die Lücke in der Antistrophe nach 274. Daß in 277—287 von der Zahl der Schiffe bei den Epeiern und Taphiern keine Rede ist, beweist, daß Hermann mit Recht von 277 an ein weiteres Strophenpaar ansetzt und den Ausfall weiterer Verse annimmt. — Iph. A. 380 ist einer guten Überlieferung zu geringe Beachtung geschenkt worden. L gibt mit P ὡς ἀδελφὸν ὄντ'· ἀνὴρ γὰρ αἰσχρὸς οὐκ αἰδεῖσθαι φιλεῖ. Grotius hat aus Stob. fl. 31, 2, wo χρηστὸς χρηστόν steht, χρηστός für das unbrauchbare αἰσχρὸς οὐκ gesetzt und so schreibt man gewöhnlich, obwohl die Korruptel unerklärbar und der Sinn von ἀνὴρ χρηστὸς αἰδεῖσθαι φιλεῖ zu unbestimmt ist. Klar wird der Sinn durch den vollen Text von Stob. χρηστὸς χρηστὸν αἰδεῖσθαι φιλεῖ und wenn man hiernach ὡς ἀδελφὸν ὄντα· χρηστὸς χρηστὸν αἰδεῖσθαι φιλεῖ schreibt, so begreift man, daß aus ὄντα χρηστός zunächst ὄντ' αἰσχρός entstand und dann weiter nachgeholfen wurde. — Zu Iph. A. 578 Φρυγίων αὐλῶν Οὐλύμπου καλάμοις μιμήματα πνέων gibt P von zweiter Hand für das sinnlose πλέων ebenso wie L πνέων, der Korrektor von P aber πλέκων, was unverständlich ist, wenn es nicht auf κρέκων hinweist (κρέκειν αὐλόν findet sich auch bei Aristophanes). — Iph. A. 627 ἑξῆς καθίστω δεῦρό μου ποδός, τέκνον will Hennig δεῦρ' ἐμοῦ schreiben, Camper δεῦρό μοι. Gleich 630 kommt wieder δεῦρο δή vor. Die Stelle erinnert an Hik. 171, wo P ἔξωρα καί für δεῦρο καί (L) bietet (vgl. Beitr. z. Kr. des Eur. V. Sitzungsb. II. 1899 S. 507 ff.). Man kann hierin eine Anleitung für die Herstellung unserer Stelle finden: ἑξῆς καθίστω δεξιοῦ ποδός. — Iph. A. 728 μητρὸς τί χωρὶς δράσεθ', ἁμὲ δρᾶν χρεών; wird man nicht mit Reiske ὧν με, sondern οὐμέ mit Bezug auf τί setzen müssen. Vgl. 522, wo Markland οὔμ' für ὅμ' hergestellt hat. — Iph. A. 753 ist ἄγυρις Ἕλλανος στρατιᾶς stilgerechter als Ἑλλάνων. Auch Iph. T. 247 hat Ἕλληνος γῆς sich nicht gegen Änderung halten können. — Iph. A. 777 λαιμοτόμους κεφαλὰς σπάσας scheint σχίσας näher zu liegen als δαΐξας. — Bei der Verbesserung von Iph. A. 1041 Πιερίδες ἐν δαιτὶ θεῶν (Kirchhoff παρὰ δαιτί) hat man außer Acht gelassen, daß es Πηλέως ἐς γάμον ἦλθον heißt. Man erwartet hier ebenso μετὰ δαῖτα, wie man bei Homer A 424 Ζεὺς .. ἔβη μετὰ δαῖτα liest (nicht κατὰ δαῖτα nach Aristarch). — Der rätselhafte Vers Iph. A. 1179 τοιόνδε μισθὸν καταλιπὼν πρὸς τοὺς δόμους, wo Matthiä den Wegfall eines Verses erkannt hat, wird verständlich, wenn man an Äsch. Ag. 161 μίμνει γὰρ .. οἰκονόμος δολία μνάμων μῆνις τεκνόποινος denkt und τοιάνδε μῆνιν καταλιπών schreibt. In L steht πρὸς τούς auf einer Rasur und fragt man sich, was darunter verborgen sein kann, so ergibt die gleiche Erinnerung an οἰκονόμος mit einiger Sicherheit καταλιπὼν ἔνδον. Der Akkusativ δόμους gehört zu dem ausgefallenen Vers, etwa κάτει ποτ' οὐδὲν ἐκφοβούμενος κακόν; — Die Konstruktion von Iph. A. 1319 μή μοι ναῶν χαλκεμβολάδων πρύμνας ἅδ' Αὐλὶς δέξασθαι τούσδ' εἰς ὅρμους ἐς Τροίαν ὤφελεν ἐλάταν πομπαίαν scheint unmöglich zu sein, wenn man nicht ἐλάτᾳ πομπαίᾳ oder vielmehr ἐλάτᾳ πομπαίῳ schreibt. Auch scheint Hartung mit Recht ἐς Τροίαν ausgeschieden zu haben.

Iph. Taur. 519 φασίν νιν (Troia) οὐκ ἔτ' οὖσαν οἴχεσθαι δορί erwartet man bei οἴχεσθαι die positive Angabe der Zerstörung, also ἐκκανθεῖσαν. — In Iph. T. 1002 τούτου δὲ χωρισθεῖσ' ἐγὼ μὲν ὄλλυμαι läßt sich χωρισθεῖσα erklären: „wenn meine Person d. h. was von meiner Person gesagt ist (meine Rettung) nicht mit dem anderen verbunden ist. — In Iph. T. 1161 ἀπέπτυσ'· ὁσία γὰρ δίδωμ' ἔπος τόδε scheint ὁσίᾳ παραδίδωμ' verständlicher. — Was der Dichter Iph. T. 1235 Δηλιάσιν καρποφόροις γυάλοις mit γυάλοις gemeint hat, ist unklar und eigentlich undenkbar. Das gebräuchliche Wort ist γύαις (Fluren). Bei καρποφόροισι γύαις bleibt das Versmaß unberührt. In der Antistrophe (1259) hat E. Bruhn Γαῖαν für γᾶς ἰών, Nauck ἀπένασσεν ὁ Λατῷος für ἀπενάσατο vermutet, worin ατο ein Rest von λ]ατψο[ς sein kann. Dann erhält man εὔπαις ὁ Λατοῦς γόνος, τόν (τόν für ὅν Hermann) ποτε Δηλιάσιν καρποφόροισι γύαις = Θέμιν δ' ἐπεὶ Γαῖαν παῖδ' ἀπένασσεν ὁ Λατῷος ἀπὸ ζαθέων. Zu δ Λατῷος ergänzt sich παῖς aus παῖδα. — In Iph. T. 1359 κλέπτοντες ἐκ γῆς ξόανον καὶ θυηπόλον hat ξόανον Reiske in ξόανα verbessert. Gewöhnlich schreibt man mit Musgrave ξόανα καὶ θυηπόλους, aber den metrischen Fehler ξόανον kann nur der Singular θυηπόλον veranlaßt haben. Auch ist der Wechsel gerechtfertigt: ξόανα sind viele denkbar, die griechische Priesterin steht vereinzelt. — In Iph. T. 1408 ἄλλος δὲ πλεκτὰς ἐξανῆπτεν ἀγκύλας ist ἄλλος in L aus ἄλλῳ geworden, P bietet ἄλλος, dagegen ἐξανῆπτον. Auch L hatte ursprünglich ἐξανῆπτον. Dieses Schwanken führt auf ἄλλοι . . ἐξανῆπτον, wie der Korrektor von P ἄλλοι aus ἐξανῆπτον entnommen hat, das Schwanken aber ist durch den vorhergehenden Singular χὦ μέν τις veranlaßt.

Jon 118 fehlt vor τὰν ἀέναον παγὰν ἐκπροϊεῖσαι eine lange Silbe. Nun erwartet man bei ἐκροϊεῖσαι einen Genitiv und nach Hipp. 124 παγὰν προϊεῖσα κρημνῶν hat Paley κρημνῶν ἀέναον vermutet. Das in P erhaltene, in L auf einer Rasur stehende τάν führt auf πετρᾶν und aus Felsen kommt das Wasser der kastalischen Quelle. — Auf die Frage des Jon gibt Kreusa Jon 260 ihren Namen, Vater und Heimat an. Nach diesen drei Punkten hat also Jon gefragt. Hiernach kann die Emendation von L. Dindorf in 258 ποίου πατρός für ποίας πάτρας keinem Zweifel unterliegen. Die drei Punkte γῆ, πατήρ, ὄνομα werden in umgekehrter Reihenfolge beantwortet. Daraus ergibt sich die Emendation: Κρέουσα μέν μοι τοὔνομ', ἐκ δ' Ἐρεχθέως πέφυκα πατρός, γῆ δ' Ἀθηναίων πόλις. Die Korruptel πατρὶς γῆ ging daraus hervor, daß man die Beziehung von γῆ auf die Frage πόθεν γῆς verkannte und deshalb das Epitheton πατρίς vermißte. An diese Emendation hat auch Murray gedacht, deren Notwendigkeit aber nicht anerkannt. — Jon 374 ἐς γὰρ τοσοῦτον ἀμαθίας ἔλθοιμεν ἄν hat man ἐς γὰρ πόσον τοῦτ', ἐς τοὔσχατον γάρ vermutet. Wahrscheinlich hat das Vermissen der gewöhnlichen Verbindung mit γάρ die Änderung von ἐς μυριοστὸν ἀμαθίας herbeigeführt. — Wie Hik. 955 οὐκέτ' εὔτεκνος, οὐκέτ' εὔπαις οὐδ' εὐτυχίας μέτεστίν

Textkritische Studien zu den griechischen Tragikern. 89

μοι κουροτόκοις ἐν Ἀργείαις durch den Sinn εὐλογίας für εὐτυχίας empfohlen wird, so wird Jon 482 σύν τ' εὐλογίαις (für εὐτυχίαις) durch den Zusammenhang wie durch den Plural („Lobreden") nahegelegt. — Bei der Emendation von Jon 721 στενομένα γὰρ ἂν πόλις ἔχοι σκῆψιν ξενικὸν ἐσβολάν („die Stadt würde sich nicht ohne Grund über Einschwärzung Fremder beklagen"). ἁλίσας ὁ πάρος ἀρχαγὸς ὢν Ἐρεχθεὺς ἄναξ muß von Tyrwhitts evidenter Änderung ἅλις ἇς ausgegangen werden. Dem Versmaß dient ἅλις δ' ἇς. Der mit ἇς eingeleitete Relativsatz erfordert, wie schon Tyrwhitt verlangt hat, ἦν für ὤν. Mit ὤν steht ὁ in Zusammenhang: mit Recht hat Musgrave τὸ πάρος verlangt. So gewinnen wir die zwei Dochmien: ἅλις δ' ἇς τὸ πάρος ἦν ἀρχαγέτας (die Stadt hatte genug an der Einführung Fremder, welche sie vordem Erechtheus verdankte). — In Jon 918 σπάργανα ματέρος ἐξαλλάξας läßt sich zwar die eigentümliche Wendung erklären, aber es fehlt, was eine Hauptsache beim Kinde ist: σπάργανα μαστόν τ' und μρος kann leicht aus μαστόν geworden sein. Vgl. 962, 1372, 1492. — In Jon 1040 ἡμεῖς δ' ἐφ' ᾧ τετάγμεθ' ἐκπονήσομεν möchte man zuerst ἐφ' ᾧ τετάγμεθα im Sinne von ἐπὶ τούτῳ ὃ τετάγμεθα auffassen, muß aber bei ἐκπονήσομεν diese Auffassung zurücknehmen, obwohl τάττειν ἐπί τινι sonst „über etwas setzen" bedeutet. Zum Glück entspricht die leichte Änderung von ἐκπονήσομεν in ἐγκονήσομεν so sehr der Situation, daß man sie für sicher halten kann. — In Jon 1055 Γοργοῦς λαιμοτόμων ἀπὸ σταλαγμῶν liegt keine Beziehung für ἀπό vor. Der Sinn verlangt ποτόν: „den Trank von den abgekehlten Tropfen der Gorgo". — Der Meinung, daß Jon 1058 ἄλλος οἶκος für ἄλλος ἄλλων ἀπ' οἴκων zu schreiben und 1071 ὄμμασι Glossem zu αὐγαῖς, die Überschrift ὀμμάτων ἐν dagegen metrische Korrektur sei, könnte man beipflichten, wenn von der Überschrift nicht jedenfalls ἐν als echt zu betrachten wäre. Dieses ἐν rettet auch ὀμμάτων. — Der Ausdruck φλόγα in Jon 1148 ἵππους μὲν ἤλαυν' ἐς τελευταίαν φλόγα Ἥλιος scheint abstrus und ist vielleicht durch das Schlußwort des folgenden Verses φάος herbeigeführt. Die Vorstellung, welche in Ἡλίου ἱππόστασις liegt, führt auf τελευταίαν στάσιν (die Station am Ende der Bahn). — Nach Jon 1263 πυρὸς δράκοντ' ἀναβλέποντα φοινίαν φλόγα töten die Drachen durch feurigen Blick, sonst durch den Atem wie die feuerschnaubenden Stiere (ταύρων πυρπνόων Med. 478). Es hat wohl auch hier ἀναπνέοντα geheißen. — In Jon 1298 ὅπλοισιν αὐτήν, οὐ λόγοις ἐρρύσατο fällt das pointierte οὐ λόγοις auf, wofür der Zusammenhang keinen Grund bietet. Mit Hermann an Kleon zu denken ist gesucht. Hartung hat erkannt, daß das folgende ἐπίκουρος eine Beziehung fordert, und hat συμμάχοις für οὐ λόγοις vermutet. Diese, wie es scheinen kann, kühne Änderung erhält von anderer Seite eine Bestätigung. Im vorhergehenden Verse τοῖς Αἰόλου δὲ πῶς μετῆν τῶν Παλλάδος; gibt die Aldina wegen des vorausgehenden γῆν und des folgenden αὐτήν auch τῆς für τῶν, aber τῶν ist gewählt, um die Verbindung von τῆς mit Παλλάδος zu vermeiden. Wenn nun τὰ Παλλάδος vorhergeht, kann es nicht mehr αὐτήν heißen. Das erforderliche αὐτά läßt sich mit συμμάχοις oder ξυμμάχοις herstellen. — In Jon 1453 ἰὼ γύναι, πόθεν πόθεν ἔλαβες ἐμὸν βρέφος ἐς ἀγκάλας; ohne Epitheton γύναι von der Pythia zu verstehen ist schwer. Hartung will das eine πόθεν tilgen: man wird ἰὼ γύναι προφῆτι zu schreiben haben. Vgl. 1322. — In Jon 1562 ἀλλ' ὡς κομίζῃς οἶκον εὐγενέστατον ist es untunlich mit Dobree κομίζοι' zu schreiben, da die Absicht als fortbestehend bezeichnet wird. Nachdem die Änderung κομίζῃ 's gegen den Brauch ist, bleibt nur die Emendation von Lenting κομίζῃ σ' übrig, diese aber erfordert vorher die Änderung von Reiske δίδωσι δ' ᾧ σ' ἔδωκεν οὐ φύσαντί σε.

Kykl. 53 gibt die maßgebende Handschrift (L) στασίωρον, P hat στασίορον. Das Versmaß spricht für στασίωρον. Gemeint ist der Stallwart Silen. Das Wort ist gebildet nach der Analogie von πυλωρός, θυρωρός. Die echte Form aber dieser Wörter gibt eine Grabschrift von Smyrna (Athen. Mitt. XXIII S. 268) Ἀιδεω πυλαορε sowie ein Papyrus Hom. Ω 681 πυλαορούς, während die Handschriften des Homer πυλωρός bieten. Ebenso ist also an unserer Stelle στασιουρόν zu

Textkritische Studien zu den griechischen Tragikern. 91

schreiben (von οὖρος Wächter). Vgl. ὁδουρός (Weghüter) Jon 1617, Soph. Frg. 21. — Kykl. 173 entspricht eher τὴν Κύκλωπος ἀνομίαν als ἀμαθίαν der Eigenschaft des Kannibalen. Vgl. Κύκλωπος ἀνοσίου 26. — Schwerlich werden Kykl. 294 die Athener die Höhe von Sunion mit πέτρα statt mit πάγος bezeichnet haben. — An Kykl. 321 οὐδ' οἶδ' ὅ τι Ζεύς ἐστ' ἐμοῦ κρείσσων θεός. οὔ μοι μέλει τὸ λοιπόν· ὡς δ' οὔ μοι μέλει erregt weniger der Mangel eines Genitivs zu μέλει als der Mangel einer Verbindung Anstoß. Außerdem ist τὸ λοιπόν kaum verständlich. Man erwartet οὔ μοι μέλει τὸ μηδέν. — Wenn man Kykl. 513 die Lücke mit παπαπᾶ ausfüllen will, hat man παπαπᾶ πλέως μὲν οἴνου in 503 nicht richtig aufgefaßt. Polyphem hat den Zungenschlag und bringt das π von πλέως nicht gleich heraus.

In den „Beiträgen zur Kritik des Euripides" II (Sitzungsb. 1896 S. 517) habe ich ausgeführt, daß der große Umfang der Interpolationen im Orestes damit zusammenhängt, daß dieses Stück in der Folgezeit häufig aufgeführt wurde. Wie die Rhapsoden die epische, so beherrschten die Schauspieler, besonders die Berufsschauspieler der späteren Zeit die dramatische Sprache und die Neigung zu Autoschediasmen bezeugt schon das bekannte Gesetz des Redners Lykurgos. Im Orestes weist das Scholion zu 1366 ausdrücklich auf die Schauspieler als Urheber von Interpolationen hin. Mehrfachen Anlaß zu Zusätzen gab ihnen unter anderem die Rolle des Pylades und dessen Teilnahme am Muttermorde. Von 33 hat Herwerden die Unechtheit erkannt. Die störende Zwischenbemerkung über die Gegenwart des Pylades 405 f. hat Aug. Grüninger De Eur. Or. ab histrionibus retractata. Basel 1898 mit Recht verworfen. Der Dichter wird sich gehütet haben auf die Zeit aufmerksam zu machen und anzugeben, daß Pylades vor 6 Tagen in Argos und in der Zwischenzeit wieder in Phokis gewesen sei (422). In die Personenbezeichnung 1235 ff. hat in einem Teil der Handschriften der Ausdruck τέκνα 1238 Verwirrung gebracht, welchem zuliebe 1238 dem Pylades statt dem Orestes gegeben wurde. Es kann kein Zweifel sein, daß 1236 ἐγὼ δ' ἐπενεκέ-

λευσα κἀπέλυσ' ὄκνου dem Pylades zugehört. Daß aber dieser
Vers unecht und nach El. 1224 gemacht ist, zeigt die Zusammengehörigkeit von OP. ἔκτεινα μητέρ' . . σοί, πάτερ, ἀρή-
γων (1235 und 1237). Ebenso erweist sich die Unechtheit
von 1591 f. ΜΕ. ἦ καὶ σύ, Πυλάδη, τοῦδε κοινωνεῖς φόνου;
OP. φησὶν σιωπῶν· ἀρκέσω δ' ἐγὼ λέγων. Wenn die Verse
echt wären, würde sich der Dichter einen Scherz mit dem
Publikum erlauben, da Pylades κωφὸν πρόσωπον ist. Es müßte
dann auch im folgenden Vers nach a ἀλλ' οὔτι χαίρων, ἤν γε
μὴ φύγῃ πτεροῖς heißen. Daß aber die Lesart von AL φύγῃς
richtig ist, ergibt sich aus dem folgenden οὐ φευξόμεσθα. Die
Unechtheit von 1618—1620 ἀλλ' . . Πυλάδη, κάταιθε γεῖσα
τειχέων τάδε hat gleichfalls Grüninger erkannt, nachdem Hermann auf den Widerspruch mit 1617 aufmerksam gemacht
hat. Die unrichtige Auffassung gibt sich auch im folgenden
zu erkennen. Mit ἔχεις με hat Menelaos seine Nachgibigkeit
erklärt, mit ὦ γαῖα Δαναῶν κτέ. gibt er seiner Entrüstung
Ausdruck, daß Orestes ihm Zwang angetan habe. Die Auf-
forderung an die Bürger zu Hilfe zu kommen hat keinen
Zweck mehr. Also kann 1622 οὐκ εἶ' ἐνόπλῳ ποδὶ βοηδρο-
μήσετε; nicht echt sein. Diese Interpolationen, welche sich
mit der Person des Pylades beschäftigen, können geneigt
machen den Ausführungen Grüningers über 763—771 beizu-
stimmen, in denen Pylades sein Auftreten damit motiviert,
daß der Vater ihn wegen der Teilnahme am Muttermorde ver-
bannt habe. Schon der Schol. hat den Widerspruch mit 1076 f.,
wornach dem Pylades Vaterstadt, Vaterhaus und Vermögen zu
Gebote stehen, aufgestochen. Aber die Verse 763—771, mit
denen 772 und 773 eng verbunden sind, lassen sich nicht einfach ausscheiden. Nach dem Verse des Orestes 762 müßte ein
Vers des Pylades folgen. Die Teilnahme des Pylades am Morde
wird weniger durch 1158 f., welche sich auf den Beistand im
Volksgerichte beziehen können, als durch 1074 und 1089 in
unzweideutiger Weise bezeugt. Die Motivierung des Auftretens
ist ganz in der Weise des Euripides und wenn man sich nicht
mit der Auskunft des Schol. εἰ μὴ ἄρα αἰνίττεται ὡς μετὰ

θάνατον τοῦ πατρὸς δυνήσεται κατελθεῖν begnügen will, wird man die Unebenheit hinnehmen müssen. Solche Unebenheiten finden sich auch sonst. So läßt der Verfasser des Rhesos 564 den Chor, welcher die vierte Nachtwache bildet, abtreten um die fünfte Wache zu wecken; der wieder auftretende Chor sollte also die fünfte Wache vorstellen, identifiziert sich aber 822 ὅτε σοι ἄγγελος ἦλθον ἀμφὶ ναῦς πῦρ' αἴθειν mit dem ersten Chor. Bei Euripides mögen sich solche Widersprüche nicht finden, aber kleinere Unebenheiten kommen auch bei ihm vor. Vgl. z. B. Jon 54 f. mit 112 ff. Übrigens läßt sich der Gedanke nicht ganz ablehnen, daß nach Ausscheidung der Partie 763—773 die Stichomythie wie z. B. Iph. A. 1344 unterbrochen ist. Die Fortsetzung mit εἶεν 774 begünstigt diesen Gedanken. Eine größere Partie, in welcher wieder Pylades als Mittäter bezeichnet wird (1535), hat Grüninger in 1506—1536 (1549—1553) ausgeschieden. Den Hauptgrund hat gleichfalls der Scholiast hervorgehoben, welcher zu 1512 bemerkt: ἀνάξια καὶ τραγῳδίας καὶ τῆς Ὀρέστου συμφορᾶς τὰ λεγόμενα. In der Tat ist die Partie 1506 bis 1536 eine reine Posse und hat für die Handlung keinen Zweck, während die vorausgehende humorvolle Erzählung des Phrygiers in geschickter Weise über die Vorgänge im Hause unterrichtet. Wenn Grüninger die Verse 1503 bis 1505 erhalten will, indem er vor 1505 Ἀτρείδην für Ὀρέστην einsetzt und diese Verse die Stelle von 1549—1553 einnehmen läßt, so hätte ihn schon der Ausdruck πρὸ δωμάτων 1504 von dieser Ansicht abbringen sollen. Diese Verse sind für die folgende Partie gemacht und müssen deren Schicksal teilen. In 1549 weist καί auf 1503 f. zurück, die folgende Partie des Menelaos macht durch ihren Anfang 1554 ff. eine Ankündigung unnötig und die ganze Tetrameterpartie 1506—1530 und 1549—1553 mit ihrer Einleitung 1503—1505 erweist sich als ein echtes horsdoeuvre, welches nicht von Euripides herrühren kann. Damit ergibt sich ein neuer Anlaß der Interpolation. Wenn wir uns fragen, welchem Vorzug das Stück, welches nicht zu den besten des Euripides gehört, seine Volkstümlichkeit verdankt (τὸ δρᾶμα τῶν ἐπὶ σκηνῆς εὐδοκιμούντων), so wird wohl die heitere Phrygierszene ihren Teil an diesem Erfolg haben. Deshalb lag für einen Schauspieler die Versuchung nahe den Scherz zu überbieten und eine Burleske zu schaffen. — Anlaß einer Interpolation konnte auch ein ungewohnter Ausdruck wie Phön. 52 καὶ σκῆπτρ' ἔπαθλα τῆσδε λαμβάνει χθονός werden. Nicht bloß der Versuch ἔπαθλα mit der Korrektur καὶ σκῆπτρα χώρας ἆθλα wegzuschaffen (Schol.), sondern auch die Interpolation ὅθεν τύραννος τῆσδε γῆς καθίσταται ist die Folge des Anstoßes an ἔπαθλα geworden. Sehr mit Unrecht will Weil den Vers retten, indem er λαμβάνων trotz καί schreibt.

Die Verbindung von Gleichnis und eigentlichem Ausdruck, welche in Or. 342 δαίμων κατέκλυσεν δεινῶν πόνων ὡς πόντου λάβροις ὀλεθρίοισιν ἐν κύμασιν vorliegt und mehr der Weise des Äschylos zukommt, scheint in dem Übergang von κατέκλυσ' ἐν in κατέκλυσεν ihren Ursprung zu haben: κατέκλυσ' ἐν δεινοῖς πόνοις gibt die glatte Weise des Euripides. — In Or. 441 φεύγειν πόλιν τήνδ' ἢ θανεῖν ἢ μὴ θανεῖν ist μὴ θανεῖν merklich überflüssig. Der gebräuchliche Ausdruck ist θανεῖν σε πανδίκως („allen Ernstes"), vgl. Soph. Ö. K. θάνοιμι πανδίκως, Eur. Rhes. 720 ὄλοιτο πανδίκως. Auch Soph. Ö. T. 669 κεἰ χρή με παντελῶς θανεῖν ἢ γῆς ἄτιμον τῆσδ' ἀπωσθῆναι βίᾳ hat es wohl πανδίκως für παντελῶς geheißen. — Or. 710 ist der richtige Schluß der Rede des Menelaos; 711 bis 716 wiederholen nur den Gedanken von 688 ff. — Dem Text von Or. 1183 Ἑλένης κάτοισθα θυγατέρ'; εἰδότ' ἠρόμην läßt sich schwer ein Sinn abgewinnen. Auffällig, daß auch Herk. 177 der Gedanke, wie schon Kayser gesehen hat, ἱστόρει für ἠρόμην fordert! Mit ἢ εἰδόθ' ἱστόρει erhalten wir hier den Gedanken „wenn du es wissen willst, so kann ich es dir sagen". — Or. 1223 ist ὁπλιζόμεσθα φασγάνῳ χέρας für χέρα fast ein unnatürlicher Ausdruck. Dieser Fehler findet sich öfters. Vgl. 517 χερός A, χεροῖν L. — Nicht daß Helena ihren Vater, sondern daß sie ihr Kind verlassen konnte, wird ihr als größte Schmach angerechnet. Darum hat es für τὰν λιποπάτορα λιπόγαμόν θ' Or. 1305 wohl ursprünglich τὰν λιπόπαιδα geheißen. — In Or. 1328 θανεῖν Ὀρέστην κἄμ' ἔδοξε τῇδε γῇ muß es τῇ πόλει heißen. — Man kann nicht einsehen, warum 1558 jemand aus Furcht (φόβῳ) dem Menelaos die Nachricht, Helena sei nicht tot, sondern spurlos verschwunden, gebracht haben soll. Das kann doch nur aus Mitleid geschehen sein (οἴκτῳ).

Zum Anfang des Rhesos βᾶθι πρὸς εὐνὰς τὰς Ἑκτορέους. τίς ὑπασπιστῶν ἄγρυπνος βασιλέως ἢ τευχοφόρων; δέξαιτο κτἑ. gibt der Schol. die Erklärung: βᾶθι ἀντὶ τοῦ βῶμεν und οἱ φύλακες ἐν χοροῦ σχήματι παρακελεύονται ἑαυτοῖς. Diese Auffassung wird richtig sein. Vgl. 88 und Herk. 119 oder El. 112. Dann ist auch τίς beizubehalten und nicht τις zu schreiben. Vgl. z. B. Phön. 1067 ὠή, τίς ἐν πύλαισι δωμάτων κυρεῖ; Hel. 435. Auffällig aber ist die Bezeichnung τευχοφόρων, wenn man mit dem Schol. ὁ ὑπασπιστὴς ἴδιον ὄνομα, ὁ σύνεγγυς παρασπίζων τοῦ βασιλέως (vgl. Phön. 1073 f., 1213)· ὁ γὰρ τευχοφόρος κοινὸν παντὸς ὁπλίτου einfach „Krieger" versteht. Man möchte dann geneigt sein mit der ed. Herv. II εἰ für ἢ zu setzen und τευχοφόρων auf den Chor zu beziehen; aber εἰ δέξαιτο scheint grammatisch unmöglich. Man müßte eher ἐκ τευχοφόρων schreiben. Allein man kann wie bei ὑπασπιστῶν eine dem Hektor untergeordnete Persönlichkeit verstehen, wenn man an Homer M 372 τοῖς δ' ἅμα Πανδίων Τεύκρου φέρε καμπύλα τόξα denkt. Ein Knappe also, der wacht, soll Hektor wecken und herausrufen. — Der Relativsatz οἳ τετράμοιρον νυκτὸς φρουρὰν πάσης στρατιᾶς προκάθηνται vertritt einen Genitiv zu δέξαιτο κληδόνα und mit Recht bemerkt der Schol. λείπει τὸ παρ' ἡμῶν, aber diese Beziehung auf den Chor darf nicht fehlen; es muß also ὅς . . προκάθημαι heißen. Die unrichtige Beziehung auf νέων μύθων hat den Plural οἳ und damit προκάθηνται veranlaßt. Rhes. 46 heißt es: „Das ganze Heer kam während der Nacht aufgeregt (θορύβῳ) zum Zelte Agamemnons νέαν τιν' ἐφιέμενοι βάξιν". Unverständlich wie dieser Text ist das Scholion νέαν ἐμφαίνοντες γνώμην. Vielleicht soll es ἐμφαίνοντος (scil. Ἀγαμέμνονος) heißen. Aber νέαν βάξιν, zumal mit τινά, kann nur von einer schlimmen Kunde gesagt sein, welche niemand erstrebt (ἐφίεται, welches ohnedies gewöhnlich mit dem Genitiv verbunden wird, weshalb Madvig ἐφ' ἱέμενοι schreiben will). Der Partizipialsatz muß die Aufregung des Heeres begründen, also νέαν τινὰ διέμενοι βάξιν, „durch eine ungewöhnliche Kunde erschreckt". Über δίεμαι (Äsch. Pers. 703 δίεμαι δ' ἀντία φάσθαι = δέδια) vgl. Textkr. Stud. z. Il. S. 25. — Dreimal hintereinander (56, 60, 64) ist im Rhes. εὐτυχέω gebraucht. Es entspricht der Weise des Verfaßers, wenn man in 60 οὗ τἂν ἔσχον εὐστοχοῦν (für εὐτυχοῦν) δόρυ schreibt. — In Rhes. 66 ἀλλ' οἱ σοφοί με καὶ τὸ θεῖον εἰδότες μάντεις ἔπεισαν ἡμέρας μεῖναι φάος schwanken die Handschriften zwischen ἔπεισαν (LP, auch ein Papyrus) und ἔφησαν (Bc). Besonders verdient Beachtung, daß in der Handschrift L, die doch ἔπεισαν hat, οἱ über με geschrieben ist, wie die anderen Handschriften μόι haben. Dies führt auf μοι . . ἐπῄνουν. — Rhes. 203 führen die beiden Lesarten κἀκεῖθεν ἥσω ναῦς ἐπ' Ἀργείων πόδα (B) und κεῖθεν δ' ἐφήσω (L) auf die gebräuchliche Redensart κεῖθεν δὲ βήσω. — Rhes. 292 ἵεμεν ποίμνας πρὸς ἄκρας, μή τις Ἀργείων μόλῃ λεηλατήσων: da von einer Beziehung auf die Gegenwart keine Rede sein kann, muß es μόλοι heißen. Die Vertauschung dieser Formen ist sehr gewöhnlich. — Der Ausdruck in Rhes. 318 ἕρπει κατάντης ξυμφορὰ πρὸς τἀγαθά (L τἀγαθόν) ist nicht stilgerecht: ἕρπει κατάντης erfordert als Gegensatz ἄναντες, dieses wird vertreten durch πρὸς τἀντία. — In Rhes. 424 ἐγὼ δὲ μεῖζον ἢ σὺ τῆσδ' ἀπιὼν χθονὸς λύπῃ πρὸς ἧπαρ δυσφορῶν ἐτειρόμην (d. i. mein Wegbleiben war für mich ärgerlicher als für dich) ist μεῖζον ungebräuchlich. Ursprünglicher erscheint μεῖζον', wie die bessere Überlieferung von L bietet, d. i. μείζονι (λύπῃ). Da aber diese Form unstatthaft ist, ergibt sich μᾶλλον als gerechtfertigt. — Rhes. 439 muß δεμνίοις für δώμασιν nach 418 feststehen. Es ist bemerkenswert, daß Äsch. Cho. 36 sich die gleiche Emendation als notwendig erweist. — Rhes. 528 zeigt die Responsion, daß τὰν ἐμὰν πρώτα, wie Lachmann für τὰν ἐμάν; πρῶτα gesetzt hat, richtiger ist, wenn auch die alten Erklärer πρῶτα σημεῖα verbunden haben. Aber πρῶτα „als erste" gibt keinen richtigen Sinn, da nur noch eine Nachtwache übrig ist, die fünfte (542). Also muß es τὰν ἐμὰν πέμπτα heißen. — Es kann überraschen, daß Rhes. 567 nicht einmal Herwerden πωλικῶν ἐξ ἀντύγων in π. ἐξ ἀμπύγων verbessert hat, da doch von δεσμὰ ἱππικά die Rede ist. — Rhes. 694, wo man gewöhnlich τίς ὁ μέγα (so c L P, ὁ μέγας B, ὃς μέγα l) θράσος ἐπεύξεται χέρα φυγὼν ἐμάν; liest, Madvig aber τίς ὁ μέγα θρασύς emendiert hat, leidet an einem sog. Konsequenzfehler; es muß jetzt heißen: τίς ὁ μέγα θρασὺς ἐπεύξεται χέρα φυγεῖν ἐμάν; — Der psychologischen Fehlerklasse fällt Rhes. 966 zu: ὀφειλέτις δέ μοι τοὺς Ὀρφέως τιμῶσα φαίνεσθαι φίλους. Was soll τιμῶσα φαίνεσθαι in dem Zusammenhang bedeuten? Dagegen hat es einen guten Sinn, wenn man φαίνεσθαι φίλη schreibt: „sie schuldet es mir sich durch Ehrung der Angehörigen des Orpheus als Freundin zu erweisen".

Für die Troades sind nur die Handschriften B und P maßgebend, deren Mängel aus anderen Stücken bekannt sind. Zum Glücke korrigieren sich beide an vielen Stellen gegenseitig. Von Glossemen ist weder die eine noch die andere frei, sodaß 1271 die Wahl zwischen χθονός (B) und πάτρας (P) unsicher ist. Doch scheint χθονός im Munde des griechischen Herolds passender, während πάτρας 1279 mehr am Platze ist. Zu Gunsten von P spricht 436 ὁμοβροστοριβάτης d. i. ὠμοβρώς τ' ὀριβάτης, wofür B ὠμόφρων ἐπιστάτης bietet. — Tro. 15 ἔρημα δ' ἄλση καὶ θεῶν ἀνάκτορα φόνῳ καταρρεῖ steht das Epitheton ἔρημα bei dem Gedanken „die heiligen Haine sind von Blut überflutet" durchaus zwecklos. Leicht kann unter Mitwirkung des Versmaßes ἐρίτιμα in ἔρημα übergegangen sein. — Tro. 79 steht αἰθέρος in δνοφώδη τ' αἰθέρος φυσήματα in Widerspruch mit δνοφώδη: auch sonst findet sich die Vertauschung von αἰθέρος und ἀέρος. — Tro. 174 ist δύστανοι δ' οἵ σ' ἐκλείποντες καὶ ζῶντες καὶ δμαθέντες für ἐκλείπουσιν entstanden, weil man οἵ als Artikel auffaßte. Vgl. oben S. 68. — Von Odysseus heißt es Tro. 442 ὡς δὲ συντέμω, ζῶν εἶσ᾽ ἐς Ἅιδου κἀκφυγὼν λίμνης ὕδωρ κἄκ᾽ ἐν δόμοισι μυρί᾽ εὑρήσει μολών: man ist von dem allgemeinen Ausdruck λίμνης ὕδωρ überrascht, während man erwartet: „den Gefahren der Unterwelt entronnen", also λίμνην Στυγός. — In Tro. 480 τρίχας τ᾽ ἐτμήθην τάσδε πρὸς τύμβοις νεκρῶν habe ich schon früher τῶνδε vermutet, da τάσδε τρίχας auf Haare hinweist, die nicht vorhanden sind. Die Vermutung ist mir zur Gewißheit geworden in Anbetracht, daß mit τῶνδε νεκρῶν der Gegensatz zum folgenden καὶ τὸν φυτουργὸν Πρίαμον . . ἔκλαυσα hervorgehoben wird. Über die Häufigkeit der irrigen Beziehungen von ὅδε s. oben S. 11. So ist, wie Lenting gesehen hat, in diesem Stücke 125 τούσδ᾽ ἐν κορυφαῖς für ταῖσδ᾽ ἐν κορυφαῖς sicher in den Text zu setzen. — Dieses Pronomen ist auch ebd. 717 herzustellen. Talthybios kann nicht οὐκ οἶδ᾽ ὅπως σοι ῥᾳδίως εἴπω κακά sagen; denn so könnte Hekabe nicht erwidern: ἐπῄνεσ᾽ αἰδῶ, πλὴν ἐὰν λέγῃς καλά (d. h. „wenn du mir Gutes mitzuteilen hast, verstehe ich deine Zurückhaltung nicht"), was diejenigen mißverstehen, welche auch hier κακά für καλά setzen. Der Gedankengang fordert dort εἴπω τάδε. — Tro. 600 ist wohl Τροίᾳ für Τροία zu setzen, scil. ἤνυσε Παλλάς, deren Schuld immer wieder betont wird. — Tro. 698 gibt P ἔασον· οὐ μὴ δάκρυά νιν σώσῃ τὰ σά, B οὐ γὰρ . . σώσει τὰ σά. Ich habe schon früher bemerkt, daß σῴζειν nicht der passende Ausdruck ist. Diesen lernen wir aus Ag. 1360 λόγοισι τὸν θανόντ᾽ ἀνιστάναι πάλιν, Soph. El. 138 ἀλλ᾽ οὔτοι τόν γ᾽ ἐξ Ἅιδα . . πατέρ᾽ ἀνστάσεις οὔτε γόοισιν οὔτ᾽ ἄνταις kennen. Man wird nach P οὐ μὴ δάκρυ᾽ ἀναστήσῃ τὰ σά zu schreiben haben. — In der Anrede des toten Astyanax Tro. 1209 ὦ τέκνον, οὐχ ἵπποισι νικήσαντά σε οὐδ᾽ ἥλικας τόξοισιν, οὓς Φρύγες νόμους τιμῶσιν, οὐκ ἐς πλησμονὰς θηρώμενοι muß es zunächst οἷς Φρύγες νόμοις heißen nach der Regel ἀμαθέστατοί ἐστε ὧν ἐγὼ οἶδα Ἑλλήνων. Der in οὐκ liegenden Schwierigkeit hat man mit der Annahme einer Lücke beikommen wollen; aber der Sinn ist nicht lückenhaft, alles ist in bester Ordnung, wenn man τιμῶσι, θῆρ᾽ ἐς πλησμονὰς θηρώμενοι schreibt. Wie οἷς . . νόμοις ist auch in Tro. 879

ποινᾶς ὅσοι τεθνᾶσ' ἐν Ἰλίῳ φίλοι nicht bloß mit Canter ὅσοις, sondern auch φίλοις zu setzen. — Tro. 1297 ist nach λέλαμπεν Ἴλιος zwischen περγάμων τέραμνα und ἄκρα τειχέων nicht καὶ πόλις am Platze, sondern ἐπάλξεις τ'. Für Phöniss. 165 περὶ δ' ὠλένας δέρᾳ φιλτάτᾳ βάλοιμ' ἐν χρόνῳ φυγάδα μέλεον („möge ich den armen Verbannten umarmen") wird eine annehmbare Konstruktion von dem Korrektor von B mit ὠλέναις δέρην angedeutet, da man ebenso περιβάλλειν (ἀμφιβάλλειν, vgl. 306) τινὰ χεροί wie τινὶ χεῖρας sagen kann: ὠλέναις δέραν φιλτάταν wird durch den Akkusativ φυγάδα μέλεον gefordert. — Wie Phön. 264 μεθῶσ' an die Stelle von ἐκφρῶσ' getreten ist, kann 276 μεθῶ an die Stelle von ἐσφρῶ (stecke hinein) gekommen sein. — Nicht ohne Grund hat H. J. Polak an χόρευμα Phön. 655 Anstoß genommen, aber φόρημα ist ein unpoetisches Wort. Eher kann man an χλίδημα denken. Vgl. Iph. A. 74. — Bei der Behandlung von Phön. 710 f. wird gewöhnlich außer Acht gelassen, daß ὅπλα 712 mit ὅπλοις 711 in Beziehung steht. Darnach wird Dindorf mit der Tilgung von 710 recht behalten. Aber die weiteren Änderungen, welche Dindorf verlangt ('Ἀργείους πόλιν), sind abzulehnen, da auch Καδμείων πόλει dem Ἀργείων στρατόν gegenübersteht. — Wie Phön. 790 αἵματι in σάγμασι (vgl. Andr. 617 κάλλιστα τεύχη ἐν καλοῖσι σάγμασιν), so ist Phön. 793 ἅρμασι in ἄμπυγι, 1065 γᾶν ἁρπαγαῖσι in γᾶν ξυναλλαγαῖσι (Fügung) zu ändern, da die Verbindung ἅρμασι καὶ ψαλίοις abstrus ist und ἁρπαγαῖσι δαιμόνων keinen Sinn gibt. — Phön. 918 gibt Tiresias auf Kreons Rede: ὦ πολλὰ λέξας ἐν βραχεῖ λόγῳ κακά die Widerrede: σοί γ', ἀλλὰ πατρίδι μεγάλα καὶ σωτήρια. Wie σωτήρια den Gegensatz zu κακά, so muß παῦρα an Stelle von μεγάλα den zu πολλά enthalten. — In Phön. 1158 ἁμαξοπληθῆ γεῖσ' ἐπάλξεων ἄπο ist γεῖσα unbrauchbar. Der passende Ausdruck ist τέρθρ'. — Phön. 1507 hinken die Worte σῶμα φονεύσας, da Σφιγγὸς ἀοιδοῦ zu τᾶς ἀγρίας gehört, lästig nach und stehen zwecklos. — Phön. 1628 ist τόνδε δ' durch das vorhergehende τὸν μέν veranlaßt, die Apposition Πολυνείκους erfordert τοῦδε. Ähnlich steht Trach. 292 τῶν μὲν παρόντων, τῶν δὲ (für τὰ δέ) πεπυσμένη in den Handschriften.

Eur. Fragm. 14, 4 fordert die Grammatik ἐκ θεοῦ μανείς für θεοῦ μανείς. — Ebd. 52 hat Meineke 4 und 5 umgestellt; außerdem verlangt der Sinn ὁμοίαν χθὼν ἅπασιν ἐξεφίτυσεν (für ἐξεπαίδευσεν wie ebd. 27 und 939 φιτύματα für παιδεύματα) ὄψιν, διὰ δ' ἔκρινεν οὐ τεκοῦσα γᾶ βροτούς. — Ebd. 89 dient dem Sinne οὐ γάρ ποτ' εἴων Σθένελον εἰς τὸν εὐτυχῆ χωροῦντα τοῖχον (d. i. sein Mäntelchen nach dem Winde hängend) τῆς δίκης ἀποστατεῖν (für ἀποστερεῖν). — Ebd. 136 σὺ δ', ὦ θεῶν τύραννε κἀνθρώπων Ἔρως, ἢ μὴ δίδασκε τὰ καλὰ φαίνεσθαι καλὰ (d. i. begehrenswert) κτέ. bietet auch Gaisfords Lesart τὰ κακά einen guten Sinn. Auch in Adesp. 546, 3 S. 946 N. ὡς εὐτυχήσων καὶ κακῶς πράξων ποτέ könnte man καὶ καλῶς erwarten; aber κοὐ κακῶς scheint dem Zusammenhang mehr zu entsprechen. — Ebd. 152 entspricht dem Vorhergehenden στρέφει δ' ἄλλοσ' ἄλλους ἐς τιμωρίαν (für ἁμέραν). — Ebd. 249 μὴ πλούσιον θῇς· ἐνδεέστερος γὰρ ὢν ταπεινὸς ἔσται· κεῖνο δ' ἰσχύει μέγα, πλοῦτος λαβών τε τοῦτον εὐγενὴς ἀνήρ fordert der Gegensatz δυσγενέστερος für ἐνδεέστερος. — Ebd. 282, 23 wird das Versmaß mit στρατηλάτας δὲ (für στάς· ἄνδρας) χρὴ σοφούς τε κἀγαθούς hergestellt. — Ebd. 303 entspricht nicht ὁ γὰρ οὐδενὸς ἐκφὺς χρόνος, sondern ὁ γὰρ ἐκ Διὸς ἐκφὺς χρόνος griechischer Vorstellung. — Ebd. 347 ist dem Zusammenhang ὅστις πατρῴας γῆς ἀτιμάζων ὅρους ἄλλην ἐπῆλθεν (statt ἐπαινεῖ) καὶ τρόποισιν ἥδεται angemessen. — Auffällig fördert den Sinn eine Vertauschung der Verse 362, 13 und 1039. An der ersten Stelle erhält man ἀδίκως δὲ μὴ κτῶ χρήματ', ἢν βούλῃ πολὺν χρόνον μελάθροις ἐμμένειν· τὰ γὰρ κακῶς οἴκους ἐσελθόντ' ἀσφάλειαν οὐκ ἔχει (statt οὐκ ἔχει σωτηρίαν), an der anderen ὁ θυμὸς ἀλγῶν οὐκ ἔχει σωτηρίαν (statt ἀσφάλειαν οὐκ ἔχει). — Ebd. 382, 11 wird der Buchstabe Υ des Namens ΘΗΣΕΥΣ beschrieben: γραμμαὶ γάρ εἰσιν ἐκ διεστώτων δύο, αὗται δὲ συντρέχουσιν ἐς μίαν βάσιν. Herwerden hat bereits darauf aufmerksam gemacht, daß διεστώτων sich auf γραμμαί bezieht, und hat εἰσι τῶν διεστωσῶν verlangt. Es kommen aber auch vier Linien in Betracht: zwei (δύο) auf den zwei auseinander stehenden Linien, also Dual: ἐκ διεστώτοιν, ein willkommenes Beispiel für den zweigeschlechtigen Dual. — Ebd. 484, 5 δένδρη. πετεινά, θῆρας οὕς θ' ἅλμη τρέφει ist θ' zu streichen. — Ebd. 522, 3 erwartet man statt des nicht passenden ἐκ τῆς ἐπιστήμης etwa τέχνης προσηκούσης γὰρ ἐκπεπτωκότες. — Ebd. 586 vermute ich Νύσαν (für οὐ σάν) Διονύσου ἱκοίμαν (für κομᾶν, vgl. Bakch. 402 ἱκοίμαν ποτὶ Κύπρον), ὅς ἀν' Ἴδαν τέρπεται σὺν ματρὶ Ῥέᾳ (für φίλᾳ, vgl. Bakch. 128) τυμπάνων ἀραγμοῖς (für ἰάκχοις, vgl. τυμπάνων ἀράγματα Kykl. 205). — Ebd. 680 ist nicht ἁμαρτεῖν, sondern ὁμαρτεῖν unter die Bruchstücke des Euripides zu setzen, während ἁμαρτεῖν = ἀποτυχεῖν zu Phil. 231 gehört. Bei der Vertauschung von ἁμαρτεῖν und ὁμαρτεῖν ist Aristarch nicht unbeteiligt. — Ebd. 730 ist der ungewöhnliche Ausdruck ἅπασα Πελοπόννησος εὐτυχεῖ πόλις wohl in Πελοπία ⟨μὲν⟩ εὐτυχεῖ πόλις zu ändern. — Ebd. 795, 5 verbessert sich λέγων fast von selbst in λεών. — Ebd. 943 δράκων ἡγεῖται τετραμόρφοις ὥραις ζευγνὺς ἁρμονίᾳ πολύκαρπον ὄχημα ist σπείραις für ὥραις und πολυκαρπές für πολύκαρπον zu setzen. Vgl. Soph. Frg. 492, 5 σπείραισι δρακόντων. — Ebd. 1067 τὸν σὸν δὲ παῖδα σωφρονοῦντ' ἐπίσταμαι χρηστοῖς θ' ὁμιλοῦντ' εὐσεβεῖν τ' ἠσκηκότα. πῶς οὖν ἂν ἐκ τοιοῦδε σώματος κακὸς γένοιτ' ἄν; ist das unpassende σώματος in λήματος zu ändern. — Ebd. 1129 beantwortet B die Frage von A θεὸν δὲ ποῖον, εἰπέ μοι, νοητέον; mit τὸν πάνθ' ὁρῶντα καὐτὸν οὐχ ὁρώμενον.

Sosiphanes frg. 2 p. 820 N. νῦν σοι πρὸς ὄψιν θυμὸς ἡβάτω, γέρον· νυνὶ δεῖ γ' ὀργήν, ἡνίκ' ἠδικοῦ, λαβεῖν: da der erste Vers augenscheinlich νῦν σοι πρὸς ὀργὴν θυμὸς ἡβάτω, γέρον gelautet hat, nimmt sich der zweite wie eine Erklärung dazu aus. — Adesp. 364, 4 S. 907 N. δυσπραξίᾳ ληφθεὶς ἐπῳδός ἐστι τῷ πειρωμένῳ: das gebräuchliche Wort ist τῷ κεχρημένῳ. — Adesp. 382 S. 912 N. ἄνδρ' ἠδίκησας· ἄνδρ' ἀνεκτέον τόδε muß in ἄνδρ' ἠδίκησας· ἄδικ' ἀνεκτέον τάδε geändert werden. — Adesp. 447 S. 925 N. ὡς αἰσχρόν ἔστι μὴ καλῶν (vielmehr νηλεῶν) ἀπ' ὀμμάτων κλᾶον πρόσωπον καὶ δακρυρροοῦν ὁρᾶν. — Adesp. 508 S. 938 N. μετὰ τὴν σκιὰν τάχιστα γηράσκει χρόνος: Men. mon. 347 μετὰ τὴν δόσιν τάχιστα γηράσκει χάρις führt auf μετὰ τὴν Κύπριν τάχιστα γηράσκει χάρις. — In Adesp. 566 S. 951 N. πάντας σοφὸς νοῦς ἐξ ἀμηχάνων ἄγει καὶ πάντα κηλεῖ, κἂν ἀπώμοτός τις ᾖ ist der Gedanke „wenn es einer auch verschworen hat" allzu sonderbar. Man erwartet ἀπόμουσος für ἀπώμοτος, also κἄν περ ἀπόμουσός τις ᾖ.

## Inhalt.

I. **Arten eines methodischen Verfahrens der Textkritik:**
a) paläographische 3, b) substituierende 5, c) psychologische 11, d) statistische 13.

II. **Über den Wert der Handschriften:**
a) des Äschylos 22, b) des Sophokles 30, c) des Euripides: A und L 51, a und B 57, L und P(G) 61, c 68, B und P 97.

III. **Verzeichnis der behandelten Stellen:**

a) Äschylos Prom. 166, 174, 699: 24, 704: 25, 719: 16, 786: 24.
Pers. 52, 169, 232, 578, 737: 25, 805: 4.
Sieb. 162: 9, 393, 445: 16, 486, 508, 573: 25, 828, 898: 26.
Hik. 205: 6, 400: 26, 448: 14, 467: 12, 480: 19, 611, 706, 745, 826, 1054: 26.
Ag. 937: 6, 1171: 26, 1354: 16, 1430: 27, 1482f.: 22.
Cho. 81, 200 ff.: 27, 365: 18, 375: 27, 486: 15, 542: 27, 587: 5, 630, 637—643: 27, 894: 10, 898—906, 991: 28, 1074: 20.
Eum. 65: 18, 108, 231: 28, 350: 18, 355: 28, 425, 452 f.: 29, 474, 502: 13, 617: 16, 621: 29, 754: 29, 779: 10, 954: 29.
Fragm. 44, 4: 29, 71, 158 (4), 304 (1): 30.

b) Sophokles Aias 80: 39, 215: 37, 367, 469: 39, 502, 541, 601 f., 636, 789, 833: 40, 941: 37, 1053: 38, 1127: 21, 1157, 1274: 40, 1388: 41.
Elektra 38, 84, 111: 41, 449: 37, 564, 646: 41, 756: 38, 761: 36, 999: 37, 1010: 21, 1139: 41, 1148: 36, 1262, 1337 f., 1395: 41, 1398 ff.: 42.
Öd. Tyr. 510: 42, 669: 94, 706, 843: 42, 896: 31, 987: 42, 1387, 1409: 43.

Antig. 151: 37, 383: 43, 394: 37, 447, 533, 685: 43, 688, 715, 726: 37, 770: 18, 930, 996: 43, 1027: 37, 1030: 18, 1070: 44, 1096: 37, 1314: 39.

Trach. 80: 44, 105: 44, 117: 15, 205: 13, 444: 21, 539, 554: 44, 722: 45, 756: 16, 781: 45, 882: 12, 1027—1030: 46, 1255, 1264: 14.

Phil. 230: 38, 319: 36, 422: 46, 762: 38, 791: 46, 1033: 17, 1066, 1111, 1119: 46, 1143, 1161, 1204: 47, 1215: 21, 1242: 15, 1315: 47, 1322: 19, 1332, 1391, 1429, 1440: 47.

Öd. K. 23: 20, 52: 21, 181 ff.: 47, 190: 37, 238: 38, 298: 37, 415: 48, 424: 14, 475: 45, 539, 711: 48, 751: 37, 787: 11, 810: 37, 842, 895, 966: 48, 1113, 1221, 1369, 1390, 1418, 1466, 1492, 1600, 1609, 1645 ff.: 49, 1749 f.: 21, 1774: 16.

Fragm. 39: 5, 79, 153 (3): 50, 315; 16, 327, 392, 435, 480, 481, 492, 750: 50, 870: 7, 872, 873: 50.

c) Euripides Alk. Hypoth. 36: 17, 289, 433 f.: 60, 777: 6, 1153: 61.

Androm. Hypoth.: 70, 23: 57, 293, 303: 54, 1075: 57.

Bakch. 126, 205: 71, 567: 15, 1386: 71.

Hek. 163: 71, 456 f.: 72, 620: 8, 665: 72, 821: 59, 1100: 7, 1189: 72, 1211: 81.

Hel. 34: 9, 56: 81, 97: 4, 104, 356, 404: 72, 441: 72, 560: 73, 571, 678: 72, 710: 9, 857: 72, 859, 925, 992, 1052: 73, 1071: 4, 1104: 73, 1216: 74, 1232: 4, 1329, 1350, 1366, 1388: 74, 1409, 1539, 1590, 1658: 75.

El. 113, 128: 75, 142, 144: 76, 212, 314, 363, 371: 77, 791: 14, 929: 77, 966: 67, 997: 77, 1295, 1303—1307: 78.

Herakliden 160: 11, 282, 291: 78, 504: 14, 630, 735: 78, 758: 79, 784 f.: 10, 825: 67, 838, 897, 1014: 79.

Herakles 77: 79, 107 f., 860, 889: 80, 974: 81, 1010: 4, 1082: 81, 1089: 67, 1114, 1232: 81, 1234, 1274 f.: 82.

Hiket. 30 f.: 9, 55: 4, 208: 82, 324: 68, 330, 438, 604: 82, 642, 687, 904: 83, 955: 88, 1063: 83, 1156, 1208, 1220: 84.

Hippol. 74: 17, 79 f.: 54, 198: 14, 302: 84, 670 f.: 54, 809 f.: 55, 817, 866: 52, 1055: 84, 1216: 52, 1250: 21, 1294: 85, 1361: 14, 1418: 52.

Iphig. Aul. 74, 84, 241, 261 ff., 274 ff.: 85, 380: 86, 410: 20, 493: 16, 555: 85, 578, 627, 728, 753: 86, 777, 1041: 87, 1174: 85, 1179, 1322: 87.

Iphig. Taur. 519, 1002, 1161, 1235: 87, 1359, 1408: 88.

Jon 83: 20, 84: 12, 118, 261, 374: 88, 445: 6, 482: 88, 723, 918: 89, 999: 81, 1040, 1055, 1071: 89, 1130: 17, 1148: 89, 1263, 1298: 90, 1424: 8, 1453, 1561 f.: 90.

Kykl. 53: 90, 181: 14, 173: 91, 201: 19, 294, 322, 503: 91, 531: 19.

Med. 512: 22, 598: 82, 1284: 59.

Orest 269: 82, 323: 59, 342: 94, 390: 56, 441: 94, 652, 666, 684: 19, 711—716: 94, 729: 56, 994: 17, 1041: 4, 1183, 1223: 94, 1278: 53, 1305, 1328, 1558: 95.

Rhes. Hypoth.: 70, 3, 5 f.: 95, 45: 70, 46: 95, 54: 14, 60, 66: 96, 126: 14, 203, 292, 318, 424, 439, 528: 96, 567, 694: 97, 702: 68, 966: 97.

Tro. 15, 79, 174, 442: 97, 465: 14, 480, 600, 698, 717, 879: 98, 1077: 7, 1210 f.: 98, 1297: 99.

Phoen. 84: 7, 165: 99, 186: 56, 266: 6, 276: 99, 301 ff.: 56, 349: 55, 362: 6, 449: 52, 655: 99, 751: 58, 790, 793, 918: 99, 1006: 20, 1065, 1158: 99, 1350: 6, 1507: 99, 1553: 58, 1628: 99.

Fragm. 14, 27: 100, 44: 20, 50: 14, 89, 136, 152, 249, 282 (23), 303, 347, 362 (13), 382 (11): 100, 467 (4): 5, 484 (5), 522 (3), 586, 680: 101, 728: 11, 730, 795 (5): 101, 834: 11, 839 (10): 7, 939: 100, 943: 101, 1039: 100, 1067, 1129: 101.

d) Neophron 3 (5) S. 731 N.: 14, Achaeos 17 (5) S. 750 N.: 14, Sosiphanes 2 S. 820 N.: 101, Adesp. 110 S. 861 N.: 13, 364 (4) S. 907 N., 382 S. 912 N., 447 S. 925 N.: 101, 508 S. 938 N.: 102, 516 S. 940 N.: 20, 546 (3) S. 946 N.: 100, 566 S. 951 N.: 102.

IV. Einzelnes:

Buchstaben- und rationelle Kritik (Gedanke, Grammatik, Sprachgebrauch) 9.

Interpolationen 91.

Aus der Responsion herausfallende Verse 42 und 47.

Ephymnien 75.

Ein zweiter Kritiker des Sophokles neben Triklinios 35.

μέλλω mit Fut. 15.

Vertauschung von διδόναι und τίνειν (δίκην) 6, δόλος und λόχος 6, δεῖ und χρή und χρῆν 19, μετά und κατά 20, τί οὐ und τί οὖν 81.

Ebenfalls im SEVERUS Verlag erhältlich:

Victor Schultze
**Die Katakomben.** Die altchristlichen Grabstätten. Ihre Geschichte und ihre Monumente
SEVERUS 2010 / 324 S. / 39,50 Euro
ISBN 978-3-942382-79-3

In dieser reich bebilderten Studie wird der Leser in Historie, Gestalt und Funktion altchristlicher Grabstätten eingeführt. Schultze beschreibt Bräuche und Riten christlichen Begräbniswesens, schildert detailliert und anschaulich Konstruktion, Malerei, Inschriften und Ausstattung der Grabanlagen und schließt mit Einzelbeschreibungen ausgesuchter Begräbnisstätten.

Victor Schultze (1851-1937) war christlicher Archäologe, evangelischer Theologe und Kirchenhistoriker, außerdem Professor für Kirchengeschichte und Christliche Archäologie an der Universität Greifswald. Schultze, in der Fachwelt auch als „Katakomben-Schultze" bekannt, wird zu den bedeutendsten christlichen Archäologen des 20. Jhs. gezählt und war einer der Begründer dieses wissenschaftlichen Faches in Deutschland. Grundsatz und Methode seiner Arbeit gelten nach wie vor als vorbildlich und richtungsweisend.

www.severus-verlag.de

**Bisher im SEVERUS Verlag erschienen:**

**Achelis. Th.** Die Entwicklung der Ehe * **Andreas-Salomé, Lou** Rainer Maria Rilke * **Arenz, Karl** Die Entdeckungsreisen in Nord- und Mittelafrika von Richardson, Overweg, Barth und Vogel * **Aretz, Gertrude (Hrsg)** Napoleon I - Briefe an Frauen * **Ashburn, P.M** The ranks of death. A Medical History of the Conquest of America * **Avenarius, Richard** Kritik der reinen Erfahrung * **Bernstorff, Graf Johann Heinrich** Erinnerungen und Briefe * **Binder, Julius** Grundlegung zur Rechtsphilosophie. Mit einem Extratext zur Rechtsphilosophie Hegels * **Bliedner, Arno** Schiller. Eine pädagogische Studie * **Brahm, Otto** Das deutsche Ritterdrama des achtzehnten Jahrhunderts: Studien über Joseph August von Törring, seine Vorgänger und Nachfolger * **Braun, Lily** Lebenssucher * **Braun, Ferdinand** Drahtlose Telegraphie durch Wasser und Luft * **Büdinger, Max** Don Carlos Haft und Tod insbesondere nach den Auffassungen seiner Familie * **Burkamp, Wilhelm** Wirklichkeit und Sinn. Die objektive Gewordenheit des Sinns in der sinnfreien Wirklichkeit * **Caemmerer, Rudolf Karl Fritz** Die Entwicklung der strategischen Wissenschaft im 19. Jahrhundert * **Cronau, Rudolf** Drei Jahrhunderte deutschen Lebens in Amerika. Eine Geschichte der Deutschen in den Vereinigten Staaten * **Cushing, Harvey** The life of Sir William Osler, Volume 1 * The life of Sir William Osler, Volume 2 * **Eckstein, Friedrich** Alte, unnennbare Tage. Erinnerungen aus siebzig Lehr- und Wanderjahren * **Eiselsberg, Anton Freiherr von** Lebensweg eines Chirurgen. * **Elsenhans, Theodor** Fries und Kant. Ein Beitrag zur Geschichte und zur systematischen Grundlegung der Erkenntnistheorie. * **Ferenczi, Sandor** Hysterie und Pathoneurosen * **Fourier, Jean Baptiste Joseph Baron** Die Auflösung der bestimmten Gleichungen * **Frimmel, Theodor von** Beethoven Studien I. Beethovens äußere Erscheinung * Beethoven Studien II. Bausteine zu einer Lebensgeschichte des Meisters * **Fülleborn, Friedrich** Über eine medizinische Studienreise nach Panama, Westindien und den Vereinigten Staaten * **Goldstein, Eugen** Canalstrahlen * **Griesser, Luitpold** Nietzsche und Wagner - neue Beiträge zur Geschichte und Psychologie ihrer Freundschaft * **Heller, August** Geschichte der Physik von Aristoteles bis auf die neueste Zeit. Bd. 1: Von Aristoteles bis Galilei * **Helmholtz, Hermann von** Reden und Vorträge, Bd. 1 * Reden und Vorträge, Bd. 2 * **Kalkoff, Paul** Ulrich von Hutten und die Reformation. Eine kritische Geschichte seinen wichtigsten Lebenszeit und der Entscheidungsjahre der Reformation (1517 - 1523), Reihe ReligioSus Band I * **Kerschensteiner, Georg** Theorie der Bildung * **Krömeke, Franz** Friedrich Wilhelm Sertürner - Entdecker des Morphiums * **Külz, Ludwig** Tropenarzt im afrikanischen Busch * **Leimbach, Karl Alexander** Untersuchungen über die verschiedenen Moralsysteme * **Liliencron, Rochus von / Müllenhoff, Karl** Zur Runenlehre. Zwei Abhandlungen * **Mach, Ernst** Die Principien der Wärmelehre * **Mausbach, Joseph** Die Ethik des heiligen Augustinus. Erster Band: Die sittliche Ordnung und ihre Grundlagen * **Müller, Conrad** Alexander von Humboldt und das Preußische Königshaus. Briefe aus den Jahren 1835-1857 * **Oettingen, Arthur von** Die Schule der Physik * **Ostwald, Wilhelm** Erfinder und Entdecker * **Peters, Carl** Die deutsche Emin-Pascha-Expedition * **Poetter, Friedrich Christoph** Logik * **Popken, Minna** Im Kampf um die Welt des Lichts. Lebenserinnerungen und Bekenntnisse einer Ärztin * **Rank, Otto** Psychoanalytische Beiträge zur Mythenforschung. Gesammelte Studien aus den Jahren 1912 bis 1914. * **Rubinstein, Susanna** Ein individualistischer Pessimist: Beitrag zur Würdigung Philipp Mainländers * Eine Trias von Willensmetaphysikern: Populär-philosophische Essays * **Scheidemann, Philipp** Memoiren eines Sozialdemokraten, Erster Band * Memoiren eines Sozialdemokraten, Zweiter Band * **Schweitzer, Christoph** Reise nach Java und Ceylon (1675-1682). Reisebeschreibungen von deutschen Beamten und Kriegsleuten im Dienst der niederländischen West- und Ostindischen Kompagnien 1602 - 1797. * **Stein, Heinrich von** Giordano Bruno. Gedanken über seine Lehre und sein Leben * **Thiersch, Hermann** Ludwig I von Bayern und die Georgia Augusta * **Tyndall, John** Die Wärme betrachtet als eine Art der Bewegung, Bd. 1 * Die Wärme betrachtet als eine Art der Bewegung, Bd. 2 * **Virchow, Rudolf** Vier Reden über Leben und Kranksein * **Wernher, Adolf** Die Bestattung der Toten in Bezug auf

www.severus-verlag.de

Hygiene, geschichtliche Entwicklung und gesetzliche Bestimmungen * **Weygandt, Wilhelm** Abnorme Charaktere in der dramatischen Literatur. Shakespeare - Goethe - Ibsen - Gerhart Hauptmann * **Wlassak, Moriz** Zum römischen Provinzialprozeß

www.severus-verlag.de

www.ingramcontent.com/pod-product-compliance
Lightning Source LLC
Chambersburg PA
CBHW051529230426
43668CB00012B/1790